Manuel Mayer

Antonio Bossi in Oberzell

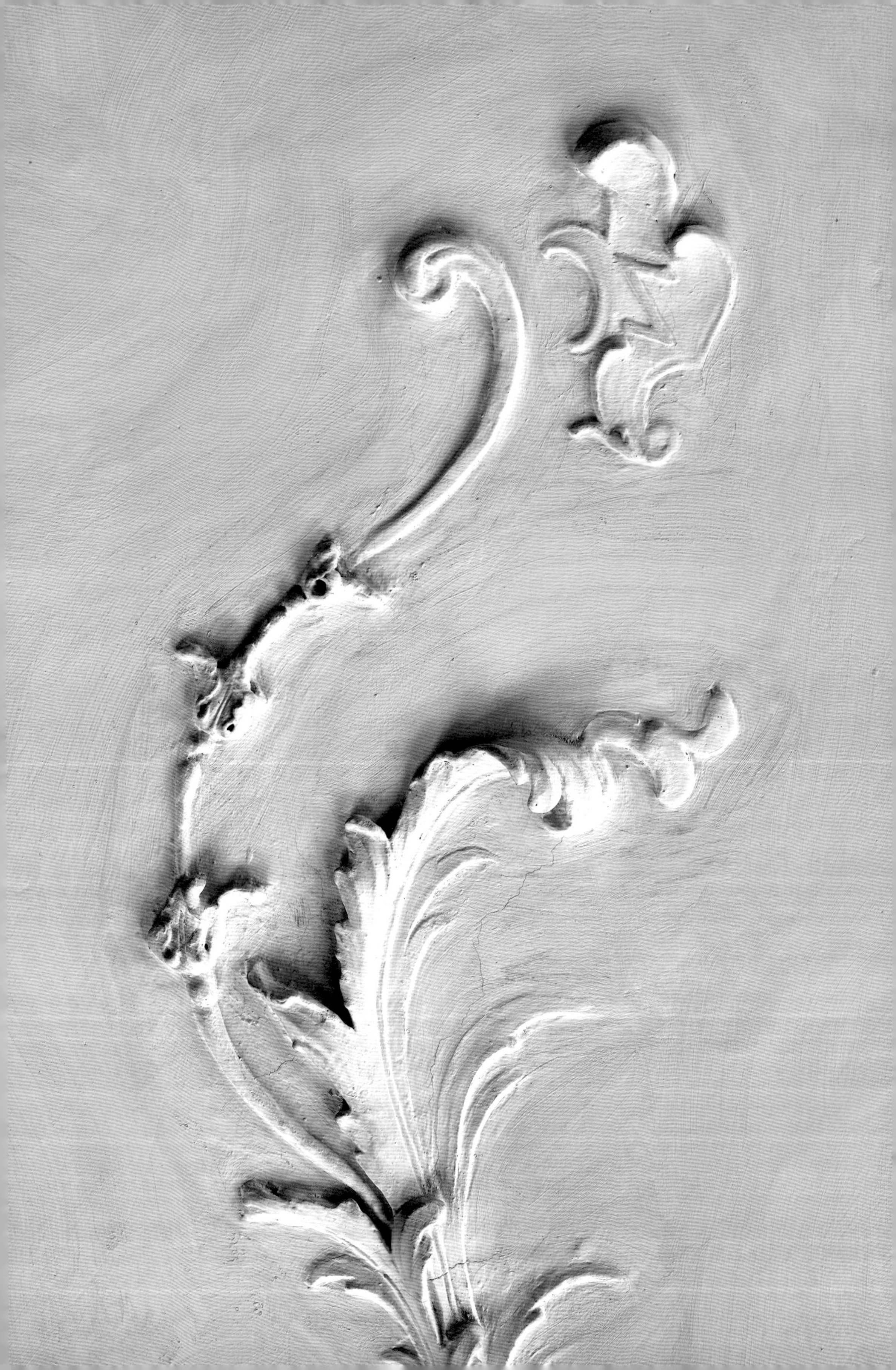

Manuel Mayer

ANTONIO BOSSI IN OBERZELL

SCHNELL + STEINER

INHALT

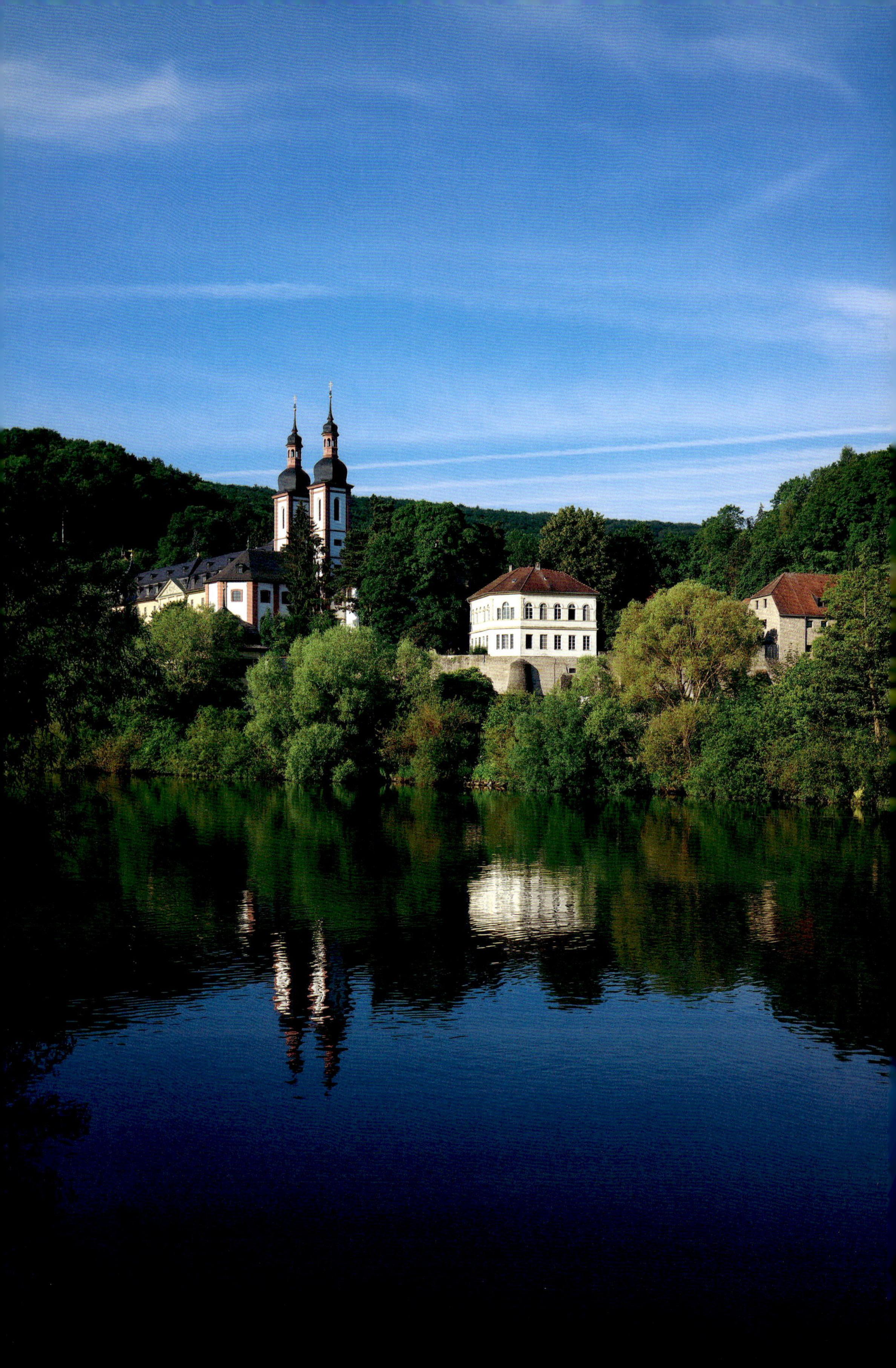

DER NEUBAU DES PRÄMONSTRATENSERSTIFTES IM 18. JAHRHUNDERT

Antonio Giuseppe Bossi, seit 1735 Hofstuckateur der Fürstbischöfe von Würzburg, schuf mit der Ausstattung des ehemaligen Prämonstratenserstiftes Oberzell sein letztes großes Ensemble. Das von der Kunstgeschichte beinahe vergessene Werk verdankt sich der letzten Blüte einer Ordensgemeinschaft, deren Gründung auf das Jahr 1128 zurückgeht und als älteste Niederlassung der Prämonstratenser in Süddeutschland gilt.[1] Es war Abt Oswald Loschert (1747–1785), seinerseits vielseitig gebildet und wissenschaftlich begabt, der die seit dem Ende des Dreißigjährigen Krieges eingetretene Konsolidierung des Stiftes zu spätbarockem Glanz steigerte. In seine Regierungszeit fällt die Ausführung der von seinem Vorgänger geplanten Baumaßnahmen, die den Stiftskomplex von Grund auf erneuerten und im Sinne des 18. Jahrhunderts umgestalteten.[2]

Der frühestens Mitte 1746 begonnene Neubau des Stiftgevierts wuchs schnell heran und verlangte nach künstlerischer Ausstattung, zunächst vor allem von Seiten der Stuckateure und Maler.[3] Der Abtei-Südflügel war wohl 1749 im Rohbau vollendet. Bis 1753 kam der Konventbau im Osten hinzu. Es folgte die Fertigstellung des nördlichen Querbaus. Abgeschlossen wurden die Baumaßnahmen mit dem spätestens 1755 im Süden begonnenen Westflügel, der sich in der Abteinutzung dem Südtrakt verband. Da die Datierung eines Deckengemäldes im südlichen Erdgeschoss das Jahr 1758 und der Stuck des Abteitreppenhauses das Datum 1760 nennt, ist die Errichtung dieses Flügels zeitlich einigermaßen eingrenzbar. Jedenfalls dürften die Folgen des Siebenjährigen Krieges – vielleicht schon im Jahr 1762 – zum vorzeitigen Ende der Baumaßnahmen geführt haben, so dass dem Westflügel die Schließung des Stiftgevierts im Norden versagt blieb.[4] Aufgrund dieser Umstände konnten die Ausstattungsarbeiten wohl nicht mehr in der bisherigen Intensität fortgesetzt werden. Mit Bossis Tod im Jahre 1764 dürften die Stuckarbeiten dann allmählich eingestellt worden sein.[5]

Dies hat den Würzburger Hofstuckateur jedoch nicht daran gehindert, in Stift Oberzell ein erstaunlich umfangreiches und vielgestaltiges Werk zu hinterlassen, das mannigfaltige künstlerische Lösungen für diverse Raumtypen bereithält und Kunstwerke von überzeitlicher Bedeutung schuf. Oberzell vereinigt einzigartige Saal- und Appartement-Dekorationen, die bislang nur wenigen Kunstinteressierten zugänglich und bekannt gewesen waren.[6] So macht es sich der vorliegende Kunstführer zur Aufgabe, diese einzigartigen Schöpfungen aus ihrem Dornröschenschlaf zu wecken. Einer interessierten Öffentlichkeit soll dabei nicht nur nähergebracht werden, was Stuckaturen Bossis zu großer Kunst macht. Es gilt zudem auch, Einsichten in seine künstlerische Hingabe zu schärfen und deren Aktualität

---

◁ Kloster Oberzell von Nordosten

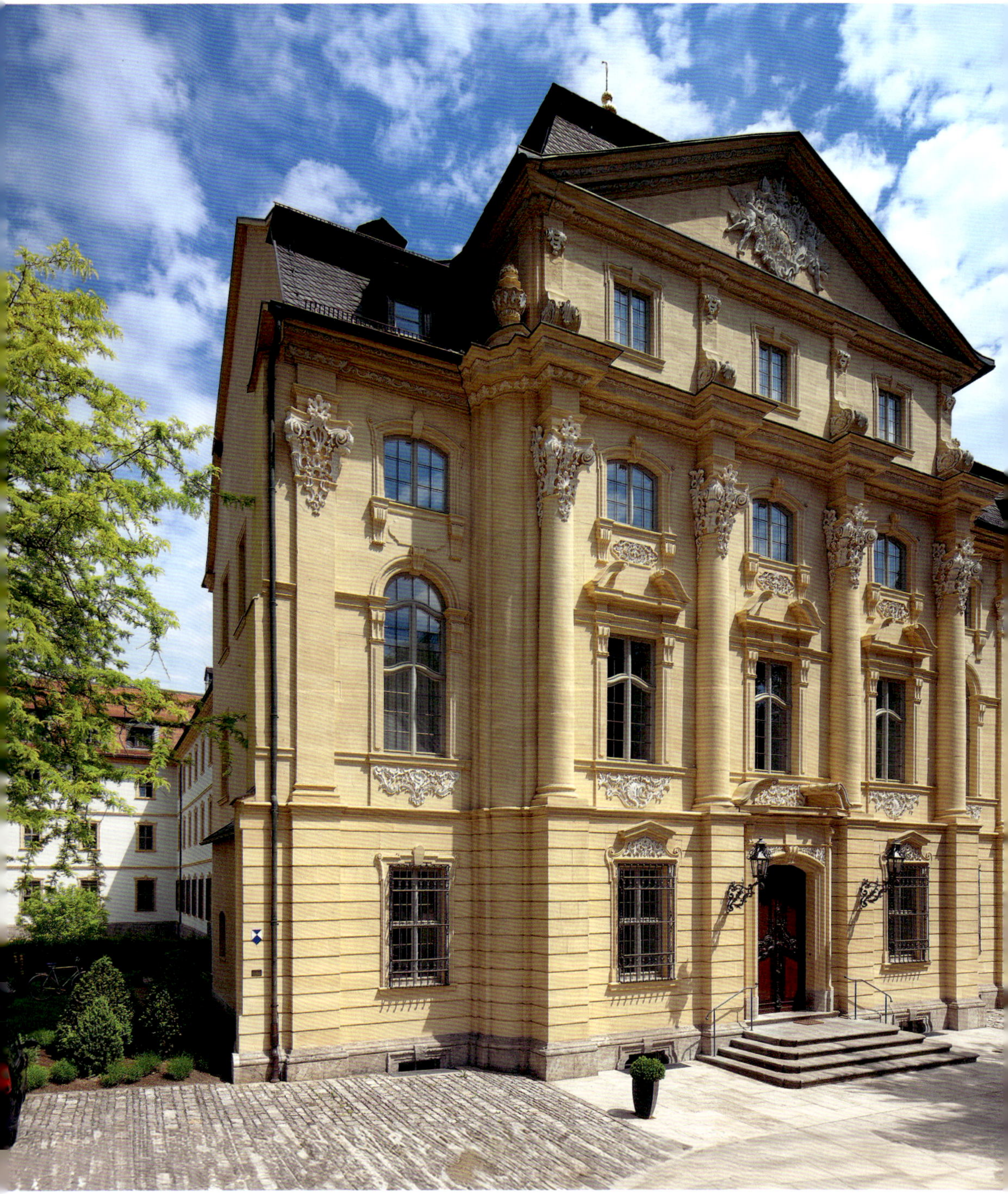

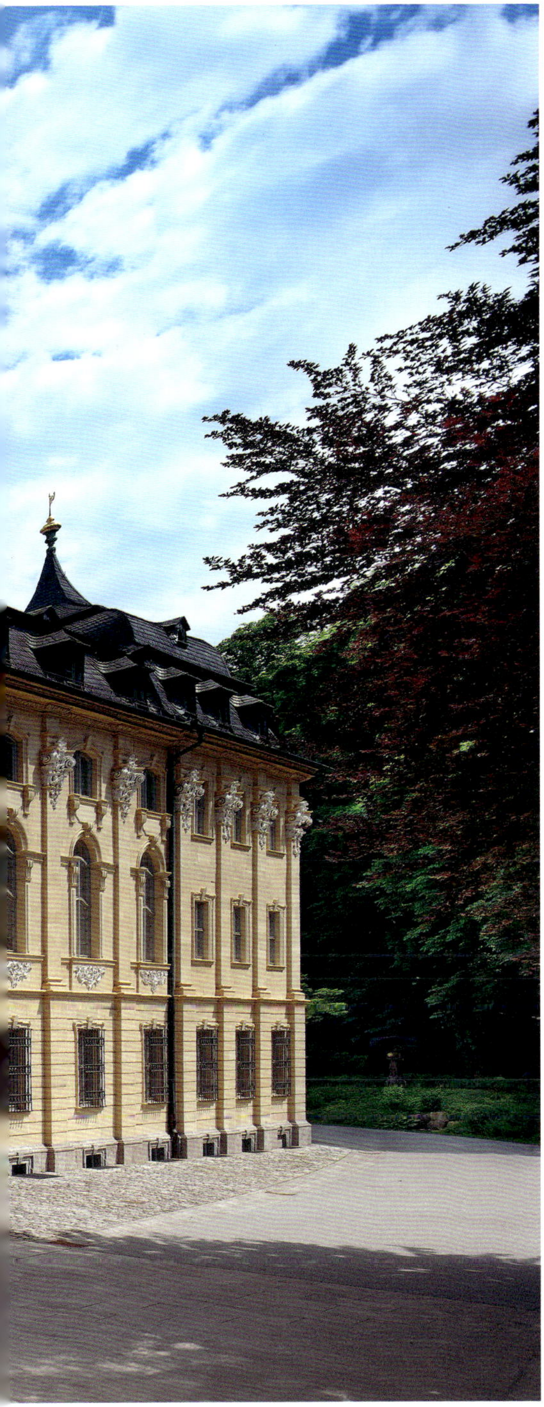

für uns Heutige wieder erfahrbar werden zu lassen. Zu diesem Zweck wurde im abgesteckten Rahmen dieses Bandes immer wieder ein klarer Fokus gesetzt und eine möglichst sinnvolle Auswahl des Materials getroffen. Das Umfassende des Oberzeller Werkes soll sich seiner beispielhaften Darstellung günstig verbinden. Inwieweit es jedoch gelungen ist, den großen Zug des Ensembles im Einzelwerk vernünftig auszubalancieren und dabei dem fotografischen Abbild seine Vermittlerrolle zuzuweisen, dies bleibe dem Urteil des gewogenen Lesers vorbehalten.

◁ Kloster Oberzell, Westlicher Abteiflügel

1 Kestler, Johann B.: *Die vormalige Abtei Oberzell*, in: Archiv des historischen Vereines von Unterfranken und Aschaffenburg 14/1 (1856), S. 37–128, hier insbes. S. 37; Mader, Felix u. a.: *Die Kunstdenkmäler von Unterfranken und Aschaffenburg*, Heft III Bezirksamt Würzburg, in: Die Kunstdenkmäler des Königreichs Bayern 3, München/Wien 1982 (unveränderter Nachdruck der Ausgabe München 1911), S. 228; Muth, Hanswernfried: *Kloster Oberzell am Main. Ehem. Prämonstratenserabtei. Mutterhaus der Kongregation der Dienerinnen der Hl. Kindheit Jesu*, Schnell Kunstführer Nr. 586 (1953), München/Zürich [2]1986, S. 2–4; Schneider, Erich: *Klöster und Stifte in Mainfranken*, Würzburg 1993, S. 82; Emmert, Jürgen: *Kloster Oberzell*, Schnell Kunstführer Nr. 586 (1953), Regensburg [4]2010, S. 2–3; zur bisherigen Bossi-Rezeption siehe Mayer, Manuel: *Wahn und Wirklichkeit. Die namenlosen Stuckfigurengruppen Antonio Bossis im Gartensaal der Würzburger Residenz*, in: Mainfränkisches Jahrbuch für Geschichte und Kunst 71 (2019), Gesellschaft der Freunde Mainfränkischer Kunst und Geschichte e. V. Würzburg (Hrsg.), S. 53–75; man erwarte darin nicht eine umfassende Rezeptionsgeschichte, sondern einen ersten Überblick zum problematischen Gang der Forschungsgeschichte ausgehend von dem im Titel genannten Werk; ein erster Hinweis auf die Bedeutung von Oberzell findet sich bereits bei Mayer, Manuel: *Die frühe Meisterschaft des Antonio Bossi (1699–1764). »S. Raphael« von Ottobeuren und der Beginn eines herausragenden Lebenswerks*, in: Jahrbuch des Vereins für Augsburger Bistumsgeschichte 54 (2020), Thomas Groll/Walter Ansbacher (Hrsg.), S. 169–205, hier insbes. Fußnote 7, S. 170–171; der Aufsatz im Ganzen ist zudem ein erster Versuch, die Bossi-Forschung aus der auf Würzburg verengten Perspektive zu lösen.

2 Kestler, ABTEI OBERZELL 1856, S. 107, 109–110; Mader, KUNSTDENKMÄLER 1911/1982, S. 229; Muth, OBERZELL 1986, S. 4, 7; Schneider, KLÖSTER 1993, S. 83, 85; Dehio, Georg: *Handbuch der Deutschen Kunstdenkmäler. Bayern I: Franken*, München/Berlin, [2]1999, S. 658; Zeissner, Werner: *Klöster, Stifte und religiöse Gemeinschaften*, in: Kolb, Peter/Krenig, Ernst-Günter (Hrsg.): Unterfränkische Geschichte, Bd. 4/2, Vom Ende des Dreißigjährigen Krieges bis zur Eingliederung in das Königreich Bayern, Würzburg 1999, S. 109–160, hier insbes. S. 123 f.; Kummer, Stefan: *Die Barockisierung der Oberzeller Klosteranlage durch Balthasar Neumann*, in: Flachenecker, Helmut/Weiß, Wolfgang (Hrsg.): Oberzell. Vom Prämonstratenserstift (bis 1803) zum Mutterhaus der Kongregation der Dienerinnen der heiligen Kindheit Jesu, in: Weiß, Wolfgang (Hrsg.): Quellen und Forschungen zur Geschichte des Bistums und Hochstifts Würzburg, Bd. 62, Würzburg 2006, S. 429–480, hier insbes. S. 430–434; Emmert, KLOSTER OBERZELL 2010, S. 3–6;
Die Beteiligung Balthasar Neumanns am Stiftsneubau ist seit Kestler (vgl. Kestler, ABTEI OBERZELL 1856, S. 110) immer wieder behauptet worden, lässt sich aber nur für eine frühe Planungsphase (bis 1744) belegen, zu der genauere Aufschlüsse fehlen (vgl. Kummer, BAROCKISIERUNG 2006, S. 432–433); Wir teilen dabei die Auffassung Kummers und der entsprechenden Neumann-Literatur nicht, Oberzell vorbehaltlos als Werk Neumanns anzusehen (vgl. dazu auch die Nennung des P. Sebald Appelmann als Architekt bei Emmert, KLOSTER OBERZELL 2010, S. 5), allzu sehr fallen Unstimmigkeiten in Fassadenaufbau und Innenraumdisposition ins Auge (siehe auch Mayer, OTTOBEUREN 2020, Fußnote 7, S. 170–171); Entsprechend können wir hier auf die in der Neumann-Forschung stets gleichermaßen wiederholten Angaben zur Baugeschichte verzichten.

3 Zu Material, Technik, Stellung, Werkstatt- und Baustellenbetrieb von Stuckateuren im 18. Jh. (auch im Verhältnis zu den Deckenmalern) vgl. Rinn-Kupka, Barbara: *Stuck in Deutschland. Von der Frühgeschichte bis in die Gegenwart*, Regensburg 2018, insbes. S. 10 f., 18–29, 36 f., 41–47, 53–56.

4 Kestler, ABTEI OBERZELL 1856, S. 103–110; Muth, OBERZELL 1986, S. 7; Schneider, KLÖSTER 1993, S. 85–86; Dehio, FRANKEN 1999, S. 658; Kummer, BAROCKISIERUNG 2006, S. 435–438; Emmert, KLOSTER OBERZELL 2010, S. 5–6.

5 Während die Stuckaturen aller repräsentativen Säle des Klosters in gleicher Weise von der höchsten Güte sind, stehen sich in den beiden Etagen des Südflügels – auch inmitten eines Appartements – unterschiedliche Qualitäten gegenüber. Das Erdgeschoss des Westflügels schließlich trägt Züge des Unvollendeten. Die Gänge sowie andere Räume von untergeordneter Bedeutung besitzen Stuck einfachster Ausprägung.

6 Zur bisherigen Rezeption der Oberzeller Stuckaturen vgl. v. a.: Mader, KUNSTDENKMÄLER 1911/1982, S. 237 f.; Sedlmaier, Richard / Pfister, Rudolf: *Die fürstbischöfliche Residenz zu Würzburg*, in: Schlösser in Bayern in Einzeldarstellungen, Direktion der Museen und Kunstsammlungen des ehemaligen Krongutes in Bayern (Hrsg.), München 1923, hier insbes. S. 117 f., 191 (in Anmerkung 276) und S. XI; Sauren, Helene-Maria: *Antonio Giuseppe Bossi. Ein fränkischer Stukkator*, Inaugural-Dissertation Würzburg, Würzburg 1932, S. 25, 29; Muth, OBERZELL 1986, S. 10, 19; Friedrich, Verena: *Schwerpunkte des mainfränkischen Kunsthandwerks vom Barock bis zum Klassizismus*, in: Kolb, Peter/Krenig, Ernst-Günter (Hrsg.): Unterfränkische Geschichte, Bd. 4/2, Vom Ende des Dreißigjährigen Krieges bis zur Eingliederung in das Königreich Bayern, Würzburg 1999, S. 461–558, hier insbes. S. 477 f.; Friedrich, Verena: *Rokoko in der Residenz Würzburg. Studien zu Ornament und Dekoration des Rokoko in der ehemaligen fürstbischöflichen Residenz zu Würzburg*, in: Forschungen zur Kunst- und Kulturgeschichte der Bayerischen Schlösserverwaltung, Bd. 9, Veröffentlichungen der Gesellschaft für fränkische Geschichte Würzburg e.V., 8. Reihe, Quellen und Darstellungen zur fränkischen Kunstgeschichte, Bd. 15, München 2004., S. 464, Anmerkung 1053; Kummer, BAROCKISIERUNG 2006, S. 453–455; Emmert, KLOSTER OBERZELL 2010, S. 23–27.

Anhand der genannten Titel lässt sich der Gang der Forschung zu den Oberzeller Stuckaturen holzschnittartig nachzeichnen: Mader nennt das von reichen Stuckaturen belebte Abteitreppenhaus eine »*sehr feine Raumschöpfung, ebenso repräsentativ wie intim.*« (S. 237) Die Stuckaturen der Sakristei nennt er elegant. (S. 237) Er schließt mit den Worten: »*Weiterhin finden sich eine größere Anzahl von Zimmern, die mit schönen Plafondstukkaturen geschmückt sind.*« (S. 238) Mader war der Name Bossi offenbar noch kein Begriff. Doch fällt der durchweg lobende Grundton auf. Dies ändert sich schlagartig mit der Bossi-Rezeption bei Sedlmaier/Pfister. Zwar besprechen die Autoren Oberzell nicht, doch geben sie den Auftakt zu einer genialistischen Rezeption, bei der Bossi dem irritierenden Wechselspiel von Genie und Wahnsinn unterworfen wird. Dieses Zerrbild basiert auf wissenschaftlich unzureichender Grundlage (vgl. hierzu Mayer, OTTOBEUREN 2020, S. 170 f., dort Fußnote 6, 7) und zeitigte schwerwiegende Folgen für die Bossi-Wahrnehmung. Sauren kann deshalb trotz allgemeiner Bewunderung nicht mehr vorbehaltlos von den Oberzeller Stuckaturen sprechen. Sie stellt ein »*sonderbares Gemisch krauser Ornamentierung und glatt gezogener, flott geschwungener C-Bogen*« fest und nennt die Arbeitsweise »*fahrig flott*«. (S. 25) Muth schließt sich an, indem er von einer »*kraus aufgerissenen und doch eleganten Formgebung*« Bossis in Oberzell spricht (S. 10) und an anderer Stelle die »*späte Abart*« des Stucks in »*etwas dürren, fast stacheligen Einzelformen und zerflatternden Konturen*« bemüht. (S. 19). Vor allem fügt Muth dieser Qualifikation die obengenannte Sedlmaier/Pfister-Legende von Bossis Wahnkrankheit an, (S. 19) als müsse diese den Verfall in die »*Abart*« erklären helfen. Friedrich tut es Muth im Wesentlichen gleich. Einer Auflistung der Oberzeller und anderer Werke Bossis schließt sie in beiden Publikationen (1999 und 2004) die Nennung der behaupteten Wahnkrankheit ganz selbstverständlich an, ohne ihre Quelle kritisch zu hinterfragen. Kummer ist dieser ambivalenten Tradition seit Sedlmaier/Pfister ebenso verpflichtet, wenn er für Oberzell von »*teilweise sehr qualitätvollen Stukkaturen*« spricht und dabei »*Anklänge*« an Bossis Arbeiten in der Residenz erkennen will (S. 453–454). Zudem ist er im Stande, die Stuckaturen des ehem. Kapitelsaals, der ehem. Sakristei, des Sommerrefektoriums und des Abteitreppenhauses (mit Ausnahme der Tugendfiguren) (S. 454–455) rundum abzuwerten. Diesen Arbeiten fehle es sowohl »*in der Anordnung der Motive als auch in der Ausbildung des Details* [...] *an Phantasie, Schwung und Eleganz.*« (S. 454), eine grobe Fehleinschätzung, die auch davon Zeugnis gibt, wie wenig einig sich die Forscher auf diesem Gebiete bis heute sind. Emmert, der sich zurückhaltend und kaum wertend verhält, fügt diesem Bild insgesamt nichts Neues hinzu. Der bisherige Gang der Rezeption hat sich also auf die Wahrnehmung und Würdigung der Oberzeller Stuckaturen insgesamt sehr ungünstig ausgewirkt. Es herrschen allgemein Ansätze zur Relativierung bzw. Abwertung vor.

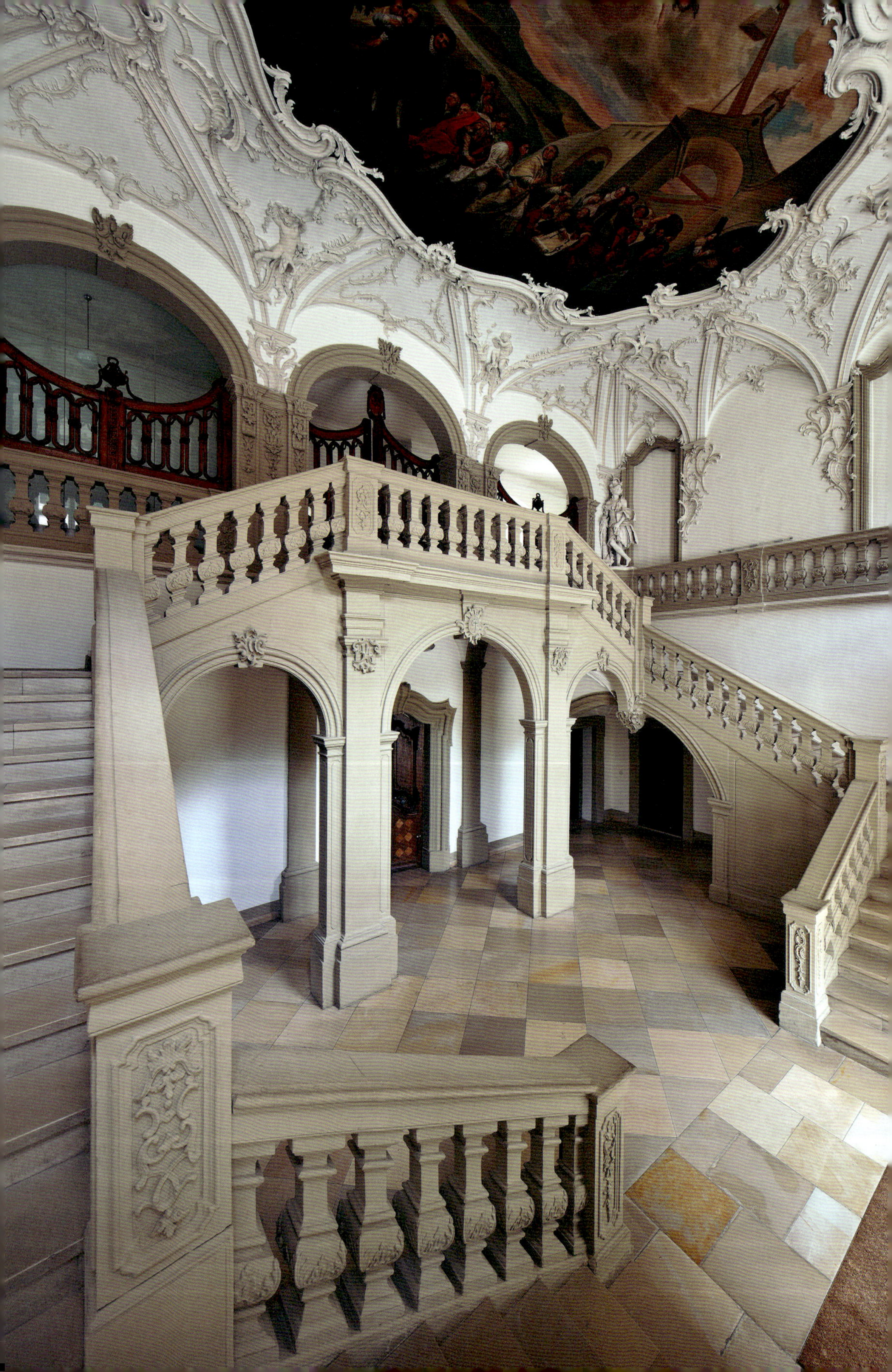

DAS REPRÄSENTATIVE ABTEITREPPENHAUS

Das zweistöckige, um 1760 stuckierte Paradetreppenhaus der Abtei befindet sich im risalitartig vorspringenden Mittelbau des Westflügels und erschließt sich – über einige Stufen hinweg – durch eine prächtige, in Holz gearbeitete Türe von Westen. Die Anlage der doppelläufig zum Hauptgeschoss emporführenden Stiege mit umlaufender (Blend-)Balustrade im Obergeschoss zeigt sich bewusst konservativ, da sie vor allem ältere Vertreter der Treppenbaukunst in vereinfachter und nicht immer ganz reiner Lösung zitiert.[7]

Wie in allen repräsentativen Sälen des Stiftes fand Bossi ein Spiegelgewölbe vor, das zugunsten der Fenster-, Arkaden- und Blendfenster-Öffnungen umlaufend mit zwölf Stichkappenwölbungen durchsetzt ist. Für das großformatige Gemälde im Zentrum des Deckenspiegels – Gründung und Erbauung des Stiftes thematisierend –[8] sah der Stuckateur eine entsprechende Fläche vor und rahmte diese im Sinne des über die Wölbflächen ausgebreiteten Dekorationssystems. Dieses System, welches sich im Besonderen mit den Übergängen zwischen Spiegel- und Stichkappenwölbung auseinanderzusetzen hatte, lässt Bossi immer dort auf die vier Wandflächen des Raumes übergreifen, wo eine optische Beziehung zur Statik der Architektur angebracht erscheint. In diesem Sinne bezog er die in den Wänden auftauchenden Tür-, Fenster-, Arkaden- und Blendfenster-Öffnungen in sein dekoratives Konzept mit ein. Auch die vollplastischen Stuckfiguren der Kardinaltugenden in den vier Raumecken folgen dem Gedanken, die Last des Gewölbes visuell auf die Wände und ihr Zusammentreffen in den Ecken zu übertragen und vermittels der (Blend-)Balustrade auf dem Fußboden sicher abzustellen. So gelang Bossi durch Verarbeitung der vorgefundenen architektonischen Unzulänglichkeiten eine herausragende und einmalige Schöpfung, die nicht alleine durch ihre virtuose und reizvolle Liaison von Rocaille-Ornamentik und figürlicher Darstellung besticht.[9] Vor allem führt Bossi die Architektur hier künstlerisch zu einer Harmonie, die sie aus eigener Kraft nie hätte erreichen können.

So hat er das Problem des Schmalwandaufbaus scharfsichtig erkannt, bei dem die willkürlich platzierten Blendfenster den Stichkappenrhythmus völlig durcheinanderbringen. Was auch immer für diese sonderbare Positionierung der Schmalwand-Blendfenster verantwortlich war,[10] es erzeugte eine störende Asymmetrie innerhalb der Kappen-Dreiergruppe. Denn jede der beiden äußeren Kappen muss ein Blendfenster unter ihre Wölbung bringen, wodurch es zu völlig unterschiedlichen Breiten der drei Kappengewölbe auf einer Schmalwand kommt. Die Kappen werden also von Westen nach Osten hin zunehmend schmaler. Wie sehr es sich dabei um eine architektonische Verlegenheitslösung handelt, zeigt die Ver-

◁ Das Abteitreppenhaus im Westflügel

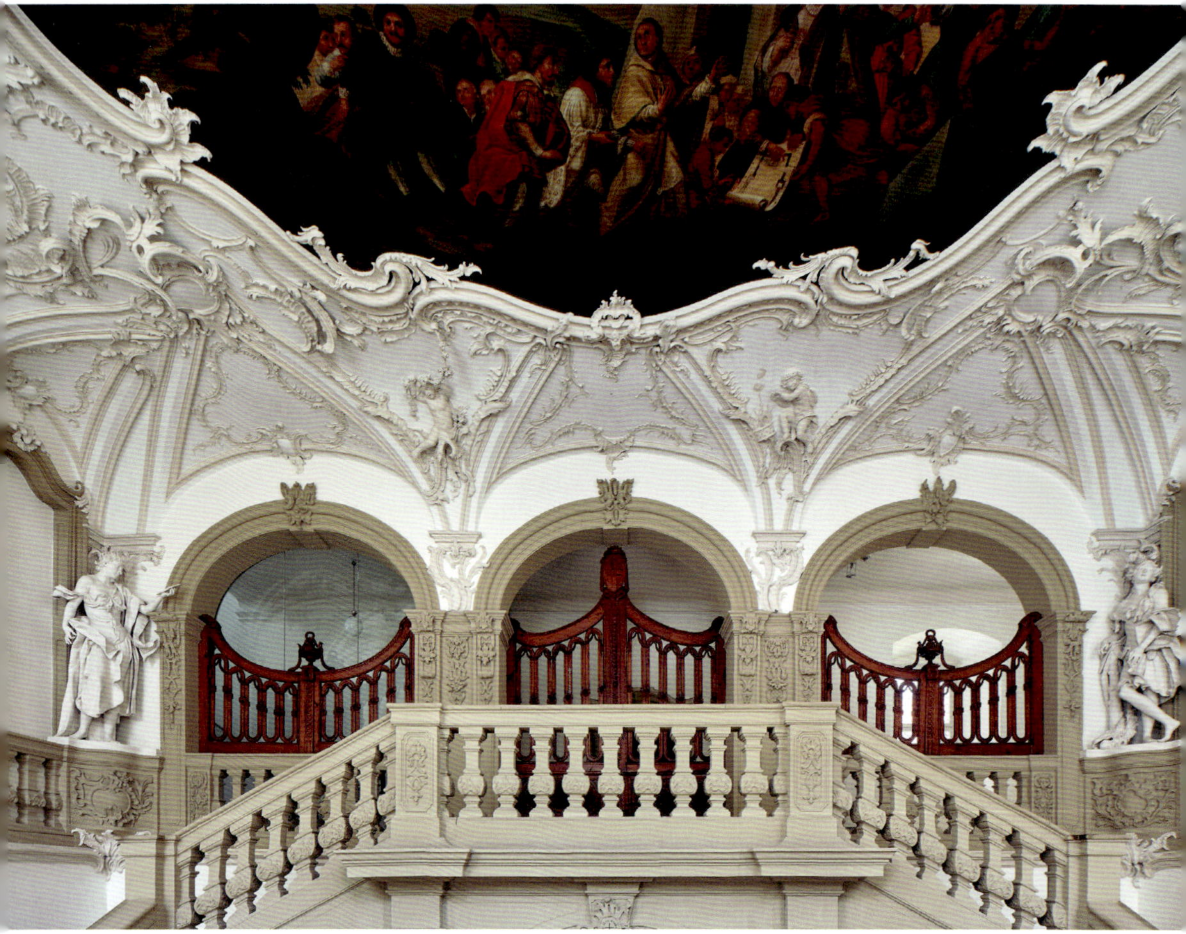

schiebung des westlichen Blendfensters aus der Vertikalachse der dazugehörigen Kappe sowie das verzwickte Zusammenkommen von östlicher Kappe und entsprechendem Blendfenster in der besonders bedrängten Raumecke. Folglich verfehlt die Mittelkappe ihre zentrale Lage auf der Schmalwand, ist also nach Osten hin verrückt. Entsprechend muss auch ihre Spitze an der Mittelachse des Deckengemäldes vorbeizielen. Trotz der latenten Zentralposition zwischen den beiden unterschiedlich dimensionierten Flankenkappen kann die Mittelkappe doch nur äußerst bedingt eine tatsächlich herausgehobene und mittig ruhende Position beanspruchen.

Bossi nimmt sich der widersprüchlichen und unbefriedigenden Ausgangslage in mehreren Schritten an. Indem er die beiden Blendfenster in der gleichen Art und Weise behandelt wie die Westfenster der oberen Etage und ihre Pfosten mit Rocaille-Ranken flankierend besetzt, kann er sie gemeinsam an die Mittelkappe binden. Die Ranken führen den Gewölbeverlauf der zentralen Kappe entlang der Fensterpfosten nach unten hin fort und binden die Kappe dadurch in die Wand und das Verhältnis der beiden Blend-

△ Abteitreppe, Blick auf Ostwand und Gewölbe

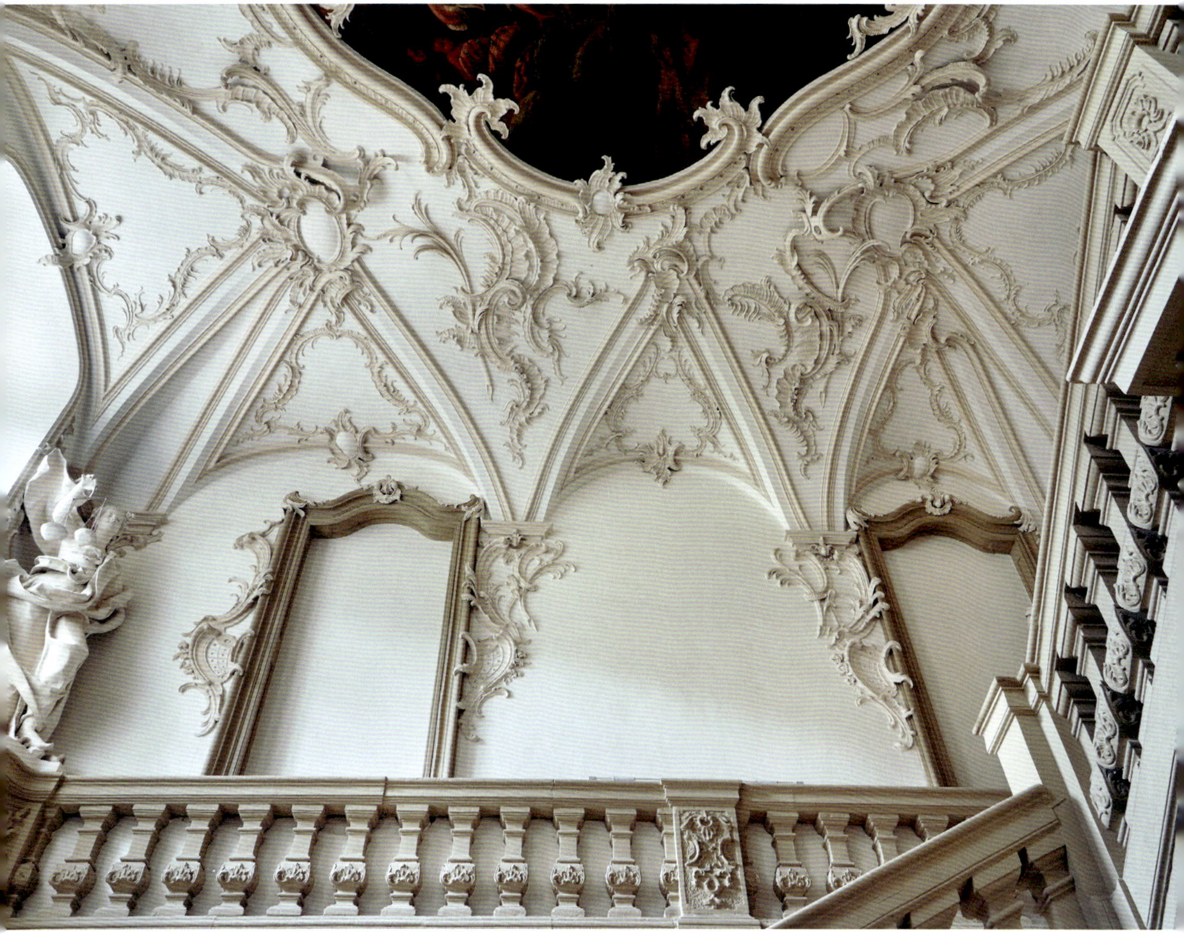

fenster mit ein. Dank Ranken und Pfosten stützt sich die Mittelkappe auf der Blendbalustrade visuell ab, vergrößert ihre Silhouette auf der Wand und erhält dadurch eine vorsichtig herausgehobene Position innerhalb der Kappen-Dreierreihe und der Wandmitte. Wie ein Vorhang öffnet sich nun die Mittelkappe im Zentrum der Schmalwand und schiebt die Blendfenster dank der Ranken an einen Platz, der wie für sie gemacht erscheint.

In einem zweiten Schritt behandelt der Stuckateur jenes Problem, das zwischen der Spitze der Mittelkappe und jener durch sie verfehlten Nord-Süd-Achse des Deckenbildes entstanden ist. Bewusst markiert der Künstler diese Achse zunächst mithilfe einer Kartuschen-Agraffe am Gemälderahmen. Dabei hütet sich Bossi aber, die Kappenspitze direkt an diese Kartusche anzubinden. Vielmehr zielen die von der Spitze ausgehenden, flach reliefierten Rankenornamente relativ direkt in die östlich gelegene Einkerbung des Gemälderahmens und bestätigen dadurch noch einmal die architektonische Verrückung nach Osten. Jedoch schafft Bossi sogleich eine Ausgleichsbewegung, indem er die äußeren

△ Abteitreppe, Blick auf Nordwand und Gewölbe

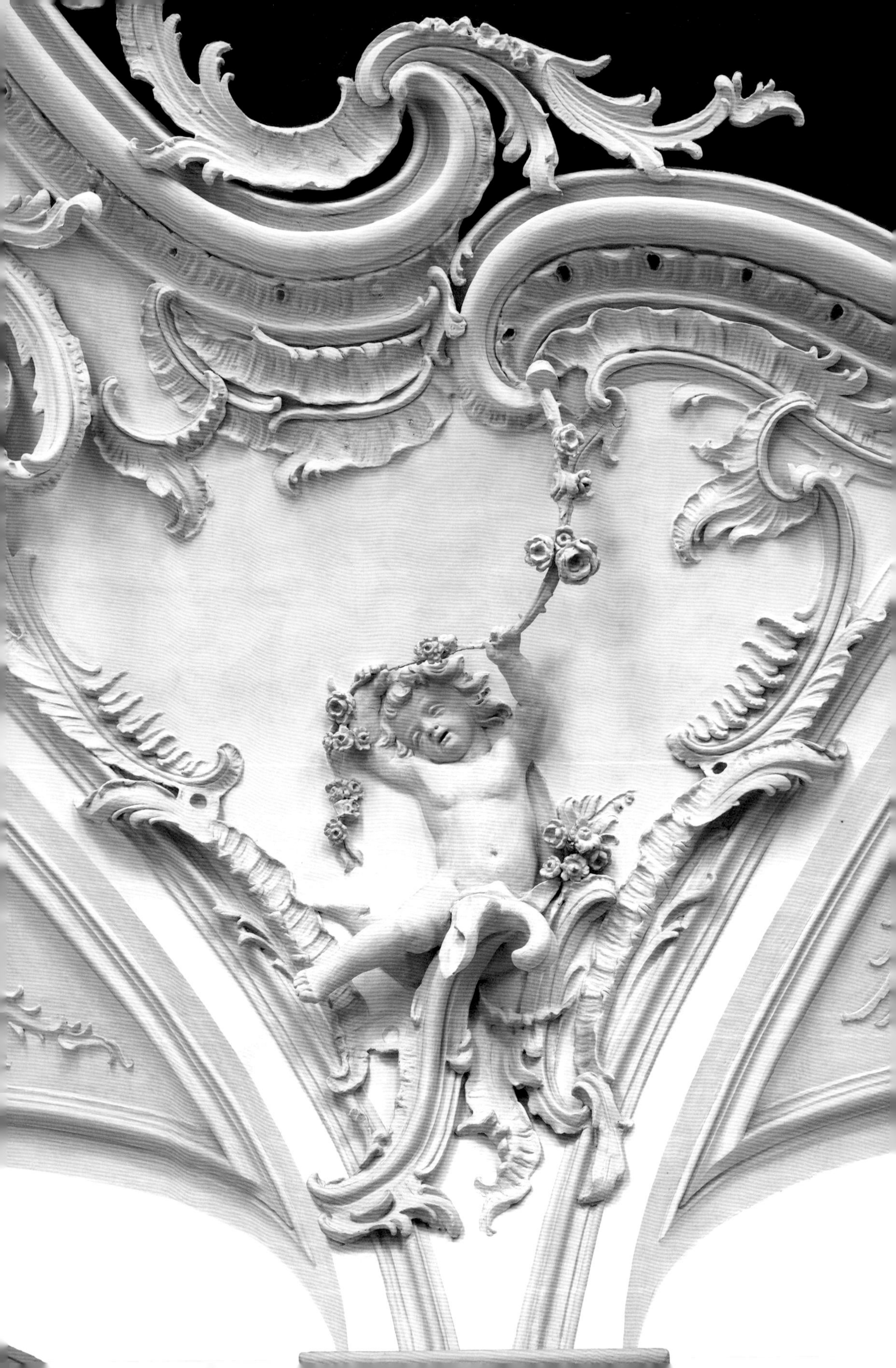

Profilleisten der Kappe, welche jeweils den Wölbgrat begleiten, nicht zur Spitze zusammenkommen lässt, sondern sie in Richtung der Kartuschen-Agraffe plastisch von der Wand ablöst. So reckt sich die Zentralkappe mithilfe ihrer Profilleisten sehnsüchtig nach dem Zusammenschluss mit der Agraffe und der durch sie berührten Bildmittelachse, ohne sie jedoch zu erreichen. Wesentlich beteiligt an dieser Unfähigkeit der Profilleisten, sich zur Spitze zu vereinigen, ist das obengenannte, aus der Kappenwölbung hervorwachsende Rankenornament, das sich in die östliche Rahmeneinkerbung auswächst und die Ostverrückung betont. In den Profilleisten öffnet sich also die Kappenspitze plastisch aufgrund eines aus ihr hervorwachsenden Flächenornaments, das zugleich Abschluss der Spitze ist. So verbindet sich die Kappe flächig im Osten einem Bild, nach dessen westlicher Mitte sie sich plastisch zurücksehnt.

Den letzten Schritt zur Lösung gewinnt Bossi dort, wo jede Schmalwand sich mit den flankierenden Längswänden verbindet, d. h. in den Raumecken. Die in Osten und Westen entstehenden Ecksituationen unterscheiden sich fundamental. Während die westliche Schmalwandkappe genügend Platz für ihre Breitenausdehnung besitzt und nur im Bereich ihrer Spitze der übereck stehenden Längswandkappe nahekommt, herrschen im Osten Enge, Reibung und Konflikt. Bossi sieht ein System vor, das diese krasse Scheidung in Ost und West einer neuen, in sich ruhenden und symmetrischen Ordnung zuführt, ohne dabei die Unterschiede artifiziell zu kaschieren. Dazu gebraucht er vier monumentale Kartuschen, die sich wie große, lebende Organismen an den Spitzen der übereck stehenden Kappen festsetzen und diese in ein klares Verhältnis zueinander bringen. Durch diesen Kartuschentypus, der wie ein Gelenk funktioniert, verbindet der Künstler im Westen dasjenige, was sich übereck zwar sehr nahe ist, aber doch nicht hinreichend vereinen kann. Im Osten dagegen federt er mit den Gelenkkartuschen dasjenige ab, was viel zu harsch zusammenkommt.

So wird die prekäre Situation im Osten durch dieses System vorbildhaft gelöst. Die verrückte Schmalwand-Mittelkappe hat ihre östliche Nachbarin in Richtung übereck stehender Längswandkappe gedrängt. Jetzt führt die Längswandkappe von Osten her den entscheidenden Gegenschlag durch, indem sie die bereits von Westen her bedrängte Schmalwandkappe ihrerseits unter Druck setzt. Dabei dringt die Längswandkappe außergewöhnlich stark in die übereck benachbarte Kappe vor und bedroht deren Existenz erheblich. Denn es besteht u. a. die Gefahr, dass die Längswandkappe auch die Gelenkkartusche an sich reißt, welche für den Abschluss der von allen Seiten her angegriffenen Schmalwandkappe überlebenswichtig ist. Zwischen die Fronten geraten, zieht sich die Schmalwandkappe auf ihre minimale Daseinsberechtigung zurück, welche darin besteht, die Breitenausdehnung des Blendfensters zu überwölben und einzufassen. Mit Erreichung dieses Existenzminimums kann sich die aufs Äußerste bedrängte Kappe des Angriffs von Osten her erwehren und an der gemeinsamen Gelenkkartusche festhalten. Die verbleibende Wut der Längswandkappe hat daran den finalen Widerstand gefunden. In groß gestikulierenden Rankengebärden reißt sie sich protestierend von Gelenkkartusche und Decke los und geißelt in freiem Schwung ein letztes Mal nach der eigentlichen Ursache, der Fortrückung der Zentralkappe von der Mittelachse. Genau aber in dieser vollplastischen Ablösung von der Wand erschöpft die Längswandkappe ihren energischen Protest, der jetzt zusehends besänftigt in die Rankenornamente des der Mittelkappe benachbarten Zwickelfeldes einmündet. In diesem Zwickelornament verebbt das Ausschlagen der Längswandkappe zu einem letzten Echo der Gegenwehr und veranlasst die Profilleisten in der Spitze der Mittelkappe zu eingeschüchtertem Zurückweichen nach

◁ Abteitreppe, Element Erde

Westen in Richtung der zentralen Nord-Süd-Achse des Deckenbildes. Bossi hat dadurch sein Ziel erreicht. Die Sehnsucht der nach Osten verrückten Mittelkappe in Richtung Wand- und Deckenmitte im Westen erweist sich nun auch als Respekt vor der Opposition der allzu bedrängten Ostwand. Was von der Westwand über die Maßen gestattet wurde, dies korrigiert die Strenge der Ostwand und weist damit die gesamte, verrückte Kappenstruktur der Schmalwand auf ihre Herkunft, die Zentralachse von Wand und Decke zurück. Damit hat die einseitige, individuelle Tendenz der Schmalwand nach Osten hinüber in der Ostwand selbst – dank Bossi – einen ebenbürtigen Widerpart gefunden, der ihr die Stirn und der Westwand dasjenige zu bieten versteht, was jener aus sich heraus verloren gegangen wäre: die Verknüpfung der Einzelpositionen zu räumlicher Interaktion und in ihr die körperliche Verwirklichung einer ruhenden Mitte im baulichen Chaos.

Anders als auf den Schmalwänden können sich die drei Kappen auf den Längswänden in gleicher Breite entfalten. Bei der mittleren Kappe jedoch ist die Ausbildung der Spitze durch das Gemäldefeld stark eingeschränkt. Bossi reagiert darauf mit der Ausbildung eines Agraffenornaments, welches die Ost-West-Mittelachse des Deckenfeldes am Bildrahmen markiert. Die Agraffe setzt einen bestimmten Teil der Zuspitzung der Mittelkappe trotz der Begrenzung über den Rahmen hinweg fort. Auch von den Kappengraten aus bildet Bossi Ranken aus, die ein Stück des Kappendranges zur Deckenmitte hin über die Bildgrenze springen lassen. Der Stuckateur schafft somit die Ahnung einer Zuspitzung der Kappe, ohne dabei die gegenläufige Ausdehnung des Bildfeldes in Frage zu stellen.

Eine bedeutende Rolle im Kappen-Dreiergefüge einer jeden Längswand spielen die beiden Spiegelgewölbezwickel links und rechts der Mittelkappe. Sie stellen dem Stuckateur ausgedehnte Flächen zur Verfügung, die sich besonders für Figurendarstellungen im Bas-Relief eignen. Da alle vier Zwickelfelder gemeinsam das zentrale Deckengemälde im Raumzentrum umgeben und einfassen, bietet sich die Darstellung eines thematischen Vierergespanns besonders an. Gewählt wurde daher die Allegorisierung der vier Elemente *Erde*, *Feuer*, *Wasser* und *Luft*, die seit frühester Zeit ein wesentlicher Bestandteil der christlichen Kosmologie sind.[11] Die vorwiegend flachreliefierten Darstellungen Bossis zeigen Putten in Auseinandersetzung mit charakteristischen Attributen. Im Sinne der Darstellungstradition stehen dabei Blumen für *Erde*, ein Feuerkessel für *Feuer*, Schale und Wasserstrahl für *Wasser* sowie Vogel und Seifenblasen für *Luft*. Eindrucksvoll ist, wie Bossi die Beschäftigung seiner Putti mit den Attributen nicht nur interessant und aufschlussreich, sondern zugleich als wesentlichen Teil des Decken- und Raumgefüges gestaltet.

In freudigem Schwung wirft sich der Erdputto auf eine Rocaille-Ranke, die sich in diesem Moment körperlich aus der Decke löst und selbst maximale Pflanzenähnlichkeit entfaltet. Gleichzeitig fällt ein Teil des Puttengewandes über die Ranke hinaus in den freien Luftraum. Dabei lassen sich die beiden losgelösten Teile von Gewand und Ranke mit den zurückgeworfenen Beinen zusammensehen und verschwimmen dadurch zu einer einzigen Silhouette, die wie eine vierteilige Wurzel aus dem Leib des Kindes ausschlägt. Tiefsinniger hätte der Künstler das Element *Erde* nicht vergegenwärtigen und dem klassischen Symbol der Blumen keine passendere Grundlage geben können. Bezeichnend ist, dass der Putto seine Blumengirlande aus dem Stuckrahmen des Deckengemäldes gewinnt. Der im Rahmen ornamental abstrahierende Kurvenschwung wandelt sich so zu einer konkret gegenständlichen Daseinsform, die unmittelbar am Bildgeschehen der Erdallegorie teilhat.

▷ Abteitreppe, Element Feuer

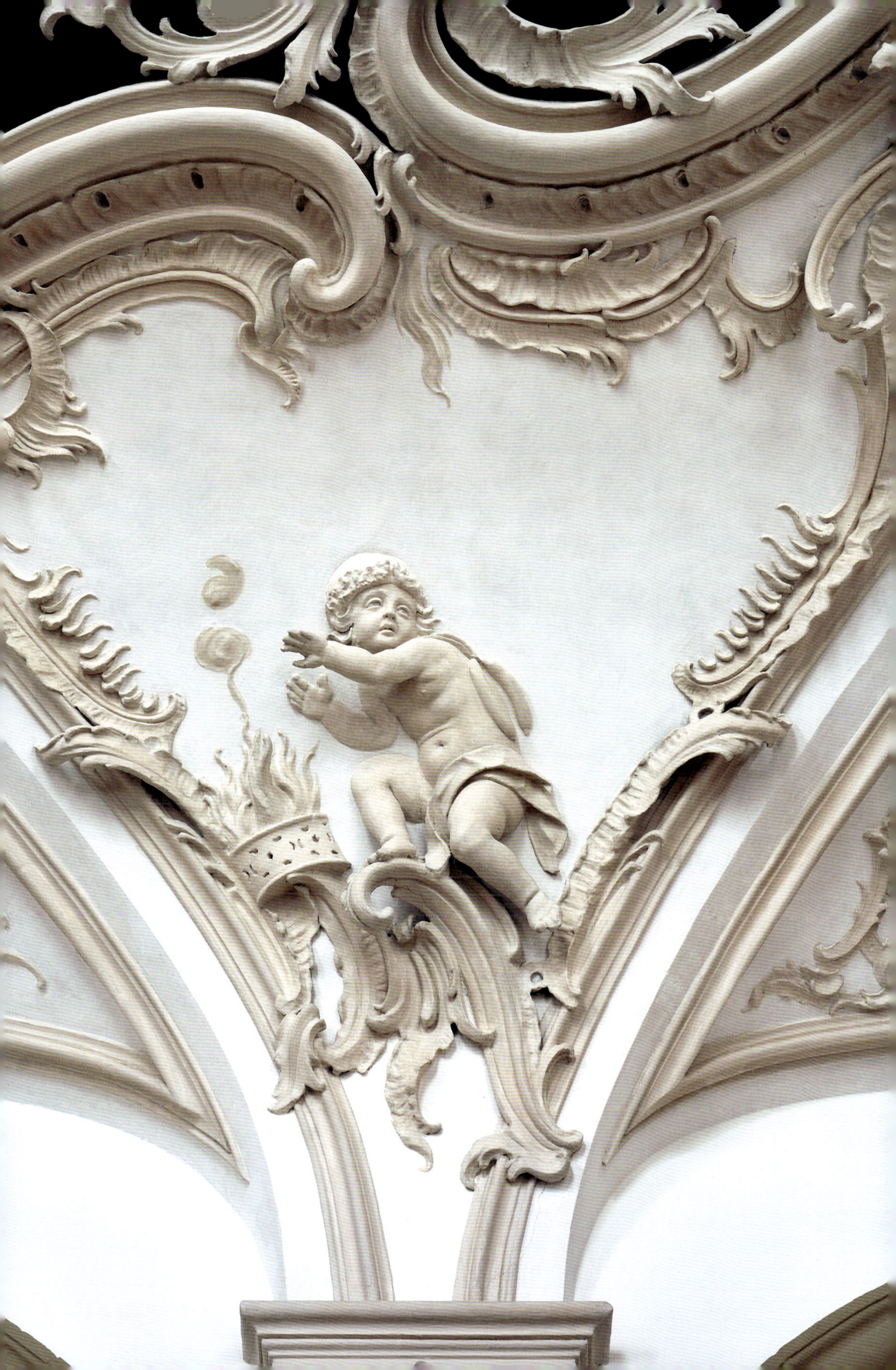

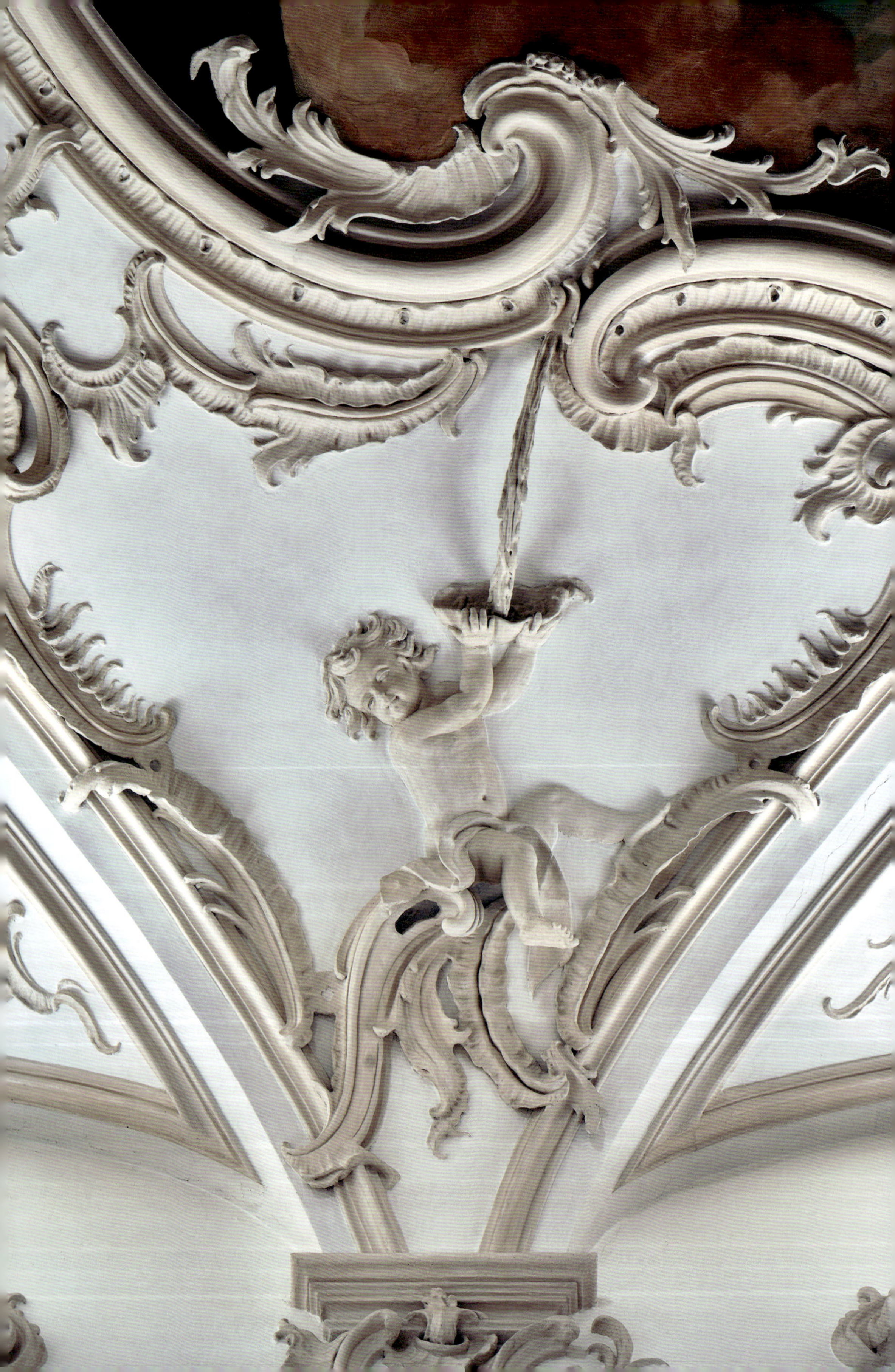

Der Feuerputto im Nachbarzwickel auf der gleichen Wand wärmt seine Hände über einem entzündeten Kessel, aus dem zwei Rauchwölkchen emporsteigen. Der Blick des Kindes geht hinauf nach Süden. Auf seinen Schultern trägt er ein Paar bratbereite Würste. Vor allem die gefütterte Mütze zeigt an, wie kalt es ist. Eine inhaltliche Verbindung der Szenerie mit dem Gemälderahmen ist dabei nur vordergründig unterlassen, tatsächlich züngelt ein betont rankengleiches Flammenornament aus der Einkerbung des Rahmens herab ins Zwickelfeld und bekräftigt, dass alle von Erden her aufsteigende, menschengemachte Wärme der von oben kommenden, höher gezeugten bedarf.

Gegenüber im Südwesten sitzt der Wasserputto ebenfalls auf einer sich lösenden Ornamentranke. Zurückgelehnt über seine Schulter nach Süden blickend stützt er eine Muschelschale zum Gemälderahmen empor, aus dessen Volutenkerbe der plastisch befreite Wasserstrahl ins Gefäß herabstürzt. Der Druck des fallenden Strahles motiviert die Rückwärtsneigung des Kindes, dessen räumliche Lage vitale, kreisende Bewegung veranschaulicht. Daneben ist der Luftputto, ebenfalls auf einer Ranke sitzend, mit der Produktion von Seifenblasen beschäftigt. Sie steigen gemütlich aus dem emporgestreckten Röhrchen empor. Im anderen Arm hält er einen großen Vogel gefangen, dessen wild gespreizte Flügel, der fortgestemmte lange Hals und der zum Schrei geöffnete Schnabel starken Widerwillen gegen seine Festnahme bekunden. Luft ist hier in tiefgründig-ambivalenter Weise sichtbar gemacht. In der Gefangenschaft des Vogels greift der Putto zwar das Fliegen mit Händen, verhindert es aber im gleichen Augenblick. Umgekehrt vermag das Kind das Fliegen seiner Seifenblasen aktiv herbeizuführen, bleibt aber selbst als Zuschauer vollkommen an die Erdanziehung gefesselt. Während der Putto dabei zusehen muss, wie der passive Gleitflug der Blasen ins Sinken sich wendet und von ihm entfernt, ergeht es ihm wie dem gefangenen Vogel. Die Sehnsucht nach einer unbeschwerten, aber zugleich schwachen Freiheit der Blasen wird von einer agilen Gefangenschaft des Vogels ausbalanciert. Denn so sehr dieser auch körperlich gefesselt sein mag, ebenso selbstbewusst befreit sich doch sein Schrei nach Freiheit. Wie schon beim Feuerputto, so scheint auch hier kein direkter Brückenschlag zum Deckenbild vorgesehen zu sein. Doch ist es gerade dieser stille Schrei des Vogels, der aus der Kurve seines Halses aufsteigend sich dem Bilde mitteilt. Dieser Ruf vereint die zwei bisher gezeigten Seiten der Luft. Es ist die aus dem Halse zur Stimme gedrängte, reibungsvoll tönende Atemluft des Vogels und damit zugleich eine stille und freie Luftverbindung, welche sich – quasi als unsichtbares Nichts – zwischen Vogelschnabel und Bild plastisch ausdehnt und damit zum integralen Bestandteil der Stuckkomposition wird.

Neben den sich von selbst ergebenden Allegorie-Paaren auf der Ost- bzw. Westwand schafft Bossi noch zusätzlich Paarungen der einander schräg gegenüberliegenden Elemente, indem er Darstellungen mit einem direkten, körperlichen Anschluss an das Deckengemälde den nicht direkt verbundenen gegenüberstellt. So einen sich *Erde* und *Wasser*, weil dank der Blumengirlande und des Wasserstrahls ein plastischer Zusammenhang mit Gestalt und Bewegung des Deckenbildrahmens hergestellt ist. *Luft* und *Feuer* wiederum ergeben ein Paar, weil ihnen dieser Zusammenhang offenbar fehlt. Dabei verbinden sich letztere gerade deshalb, weil dieses Fehlen nur scheinbar vorliegt. Faktisch jedoch erkennen wir in den aufsteigenden Rauchwolken und dem herabzüngelnden Flämmchen bzw. den schwebenden Seifenblasen und dem aufsteigenden Vogelschrei die Verbindung mit dem Gemälde durch die freie Zwickelfläche und den offenen Luftraum hindurch. Bossi spielt in dieser Gegenüberstellung unsere Auffassung von

◁ Abteitreppe, Element Wasser

Verbundenheit und Trennung gegen den Gegensatz von Direktheit und Indirektheit aus. So wie die Herstellung einer direkten Verbindung den Zustand der Trennung voraussetzt, schlummert in einer indirekten Verbindung die Gefahr der Trennung auf Umwegen. Folglich gestaltet der Künstler die Blumengirlande als Gegenform des Wasserstrahls, dem gespannten Bogen des letzteren steht der erschlaffte der ersteren widersprechend gegenüber, ohne jedoch der Form nach etwas grundlegend anderes zu sein. Und ebenso sinken die drei ausgeblasenen Seifenblasen bogenförmig in die Ferne, während die blasenverwandte Gestalt der Rauchwölkchen bogig emporsteigt. Selbst der emporgekrümmte Vogelschnabel mag die exakte Gegenform des herabgekrümmten Feuerflämmchens verkörpern. Die einander diagonal gegenüberliegenden Paare besitzen also stets das Gegenteilige inmitten ihrer Verwandtschaft und werden dadurch auch ihren Gegenpaaren gleich. Direktes ist nicht ohne Mittelbarkeit, Trennung nicht ohne innersten Zusammenhang vorstellbar oder wie Hildegard von Bingen zu den Elementen formulierte: »*Diese vier Grundstoffe sind in sich selber dermaßen durchflochten und verbunden, daß keines vom anderen geschieden werden kann; und [s]ie halten sich so im Gesamtverband zusammen, daß man sie das Firmament – das feste Gefüge des Weltalls – nennt.*«[12]

Dieses elementare »*Firmament*« der Treppe von Oberzell hat Bossi dabei unmittelbar an die Darstellung der vier Kardinaltugenden in den Raumecken geknüpft. So weist der Stuckateur die *Erde* der *prudentia* (*Klugheit*), das *Feuer* der *fortitudo* (*Tapferkeit*), das *Wasser* der *temperantia* (*Mäßigung*) und die *Luft* der *iustitia* (*Gerechtigkeit*) zu. Die Vorstellung von den Kardinaltugenden geht auf die Antike zurück und ist bereits bei Platon zentral für alles staatliche Gemeinschaftsleben.[13] Die Bibel ihrerseits nennt im Buch der Weisheit Maß und Klugheit, Gerechtigkeit und Tapferkeit diejenigen Tugenden, die im Leben der Menschen nützlicher sind als alles andere.[14] Über Cicero ist das Konzept zu den Kirchenvätern gelangt. Diese haben es der christlichen Bedeutung eines sittlichen Handlungsrahmens zugeführt.[15] Gregor d. Gr. prägte dafür das Bild vom »*Gesamtbau des guten Handelns*«,[16] d. h. eines Hauses, das auf den vier Ecken der Kardinaltugenden ruht und dem menschlichen Geist den soliden Aufbau zur Verwirklichung eines guten Werkes gegen alle Versuchungen verschafft.[17] Die Scholastiker, v. a. Thomas von Aquin, verfestigten dieses Bild zu einer fundamentalen und differenzierten Lehrauffassung der christlichen Ethik, die mit den drei theologischen Tugenden *Glaube*, *Liebe* und *Hoffnung* wesentlich verknüpft ist.[18] Die Verquickung der vier Kardinaltugenden mit den vier Elementen ist dann bei Hieronymus (348/49–420) angedeutet und bei Autoren wie Julianus Pomerius (gest. um 500) weiter ausgeführt.[19] Pomerius sieht den Zusammenhang von Kardinaltugenden und Elementen in der Perfektion und Heiligkeit der Vierzahl. Dabei entsprechen die vier Tugenden u. a. den vier Ecken des Erdkreises und spiegeln darin auch den aus vier Elementen gefügten Mikrokosmos des Menschen, dessen Seele zudem vier Neigungen aufweise.[20] Thomas de Cantimpré (1201–1270/72) greift diese Vorstellung auf und bündelt sie in einem kosmologischen Bild. Das entsprechende Schema seines *Liber de rerum natura* platziert die Kardinaltugenden in den Ecken des Kosmos, darin eingelassen die Welt, bestimmt durch die »*Transformationen* [...] *im Kreislauf der Elemente*«.[21]

Die Dekoration der Treppe von Oberzell greift diese Tradition bewusst auf. So sind die vollplastischen, weiblichen Personifizierungen der Kardinaltugenden im Sinne Gregors d. Gr. exakt in den Raumecken platziert. Dadurch fungieren sie anschaulich als tragende Pfeiler im »*Gesamtbau des guten Handelns*«. Zugleich antwortet jeder Tugend in der Decke darüber ein entsprechendes Element, welches anzeigt, dass tugendhaftes

▷ Abteitreppe, Element Luft

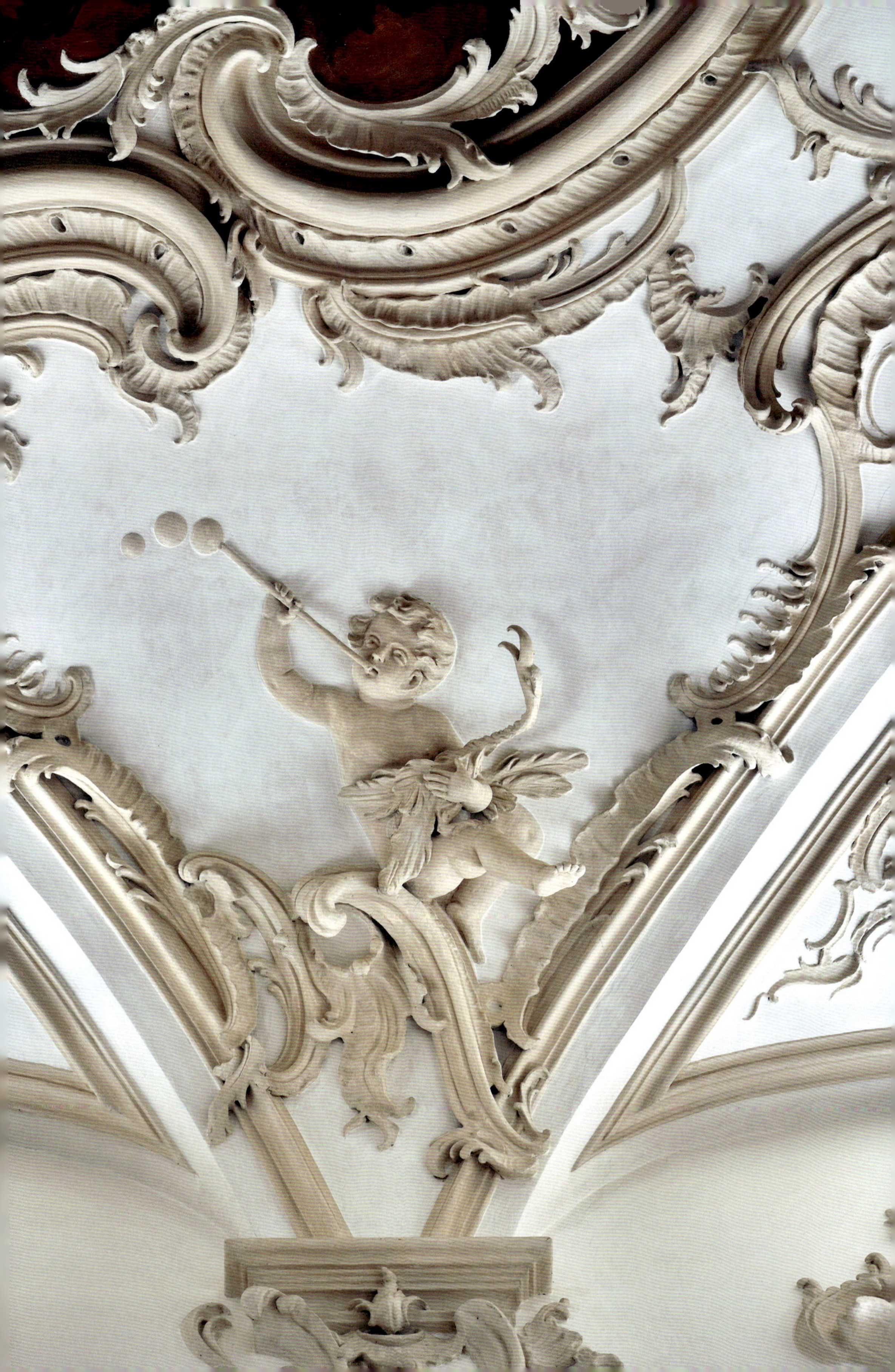

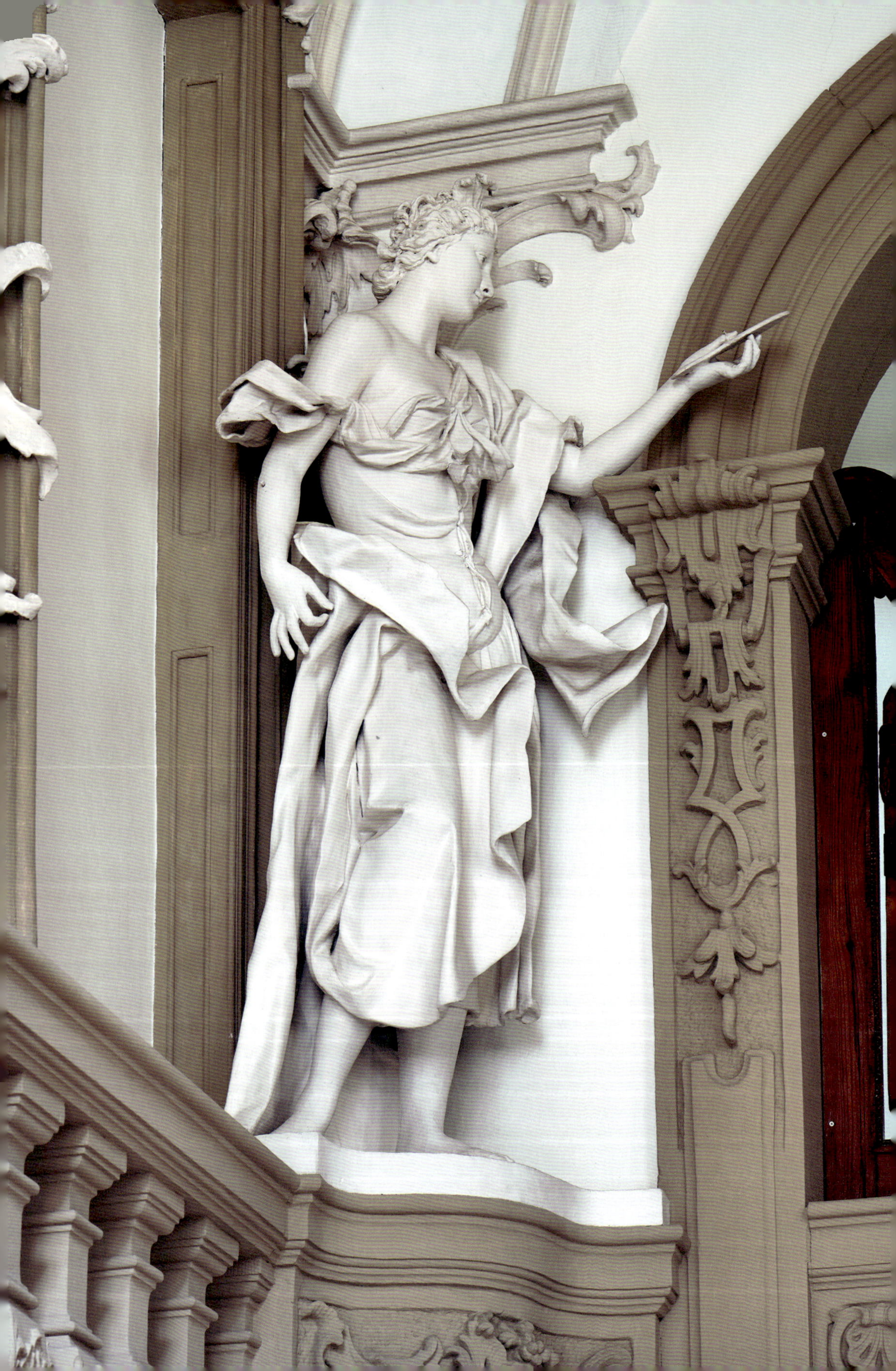

und auf Gottes Liebe hin ausgerichtetes Handeln nur aus vier Elementen heraus vollzogen werden kann, da sie den Menschen samt seiner vier Seelenneigungen auszeichnen.

Aber die bloße räumliche Nähe von Tugendfigur und Element genügt für deren eindeutige Paarbindung noch nicht. Sie entsteht erst durch Bossis Vermögen, das jeweilig Elementare in der dazugehörigen Tugendfigur wiederkehren und zu einem wesentlichen Charakterzug werden zu lassen. So folgt die *Klugheit* im Nordosten mit ihrem Blick in den Spiegel zwar der Darstellungstradition, erweitert diese aber höchst innovativ durch Merkmale des im 18. Jh. gängigen Gärtnerinnen- oder Flora-Typus. Das kurze Obergewand, das geschnürte Mieder, die blütenartige Haartracht deuten in diese Richtung und verknüpfen die Figur unaufdringlich mit den Blumengirlanden der *Erde*-Allegorie darüber. Vor allem im Vergleich mit den anderen Tugenden bekräftigt sich diese Charakteristik. Die *Tapferkeit* im Südosten trägt nicht nur die klassischen Attribute der Herkuleskeule und des Löwenfells. Ihr Gewand ist zugleich an antike Soldatentracht angelehnt, welche nicht nur inhaltlich, sondern auch in ihren unruhig flackernden Konturen Kampfesbrunst mit allegorischem *Feuer* verbindet. Die *Mäßigung* im Südwesten greift ihrerseits das Element *Wasser* in ihren Attributen, dem Wasserkrug und dem Weinbecher, auf. Das Einmischen von Wasser in den Wein mäßigt dessen Feuer und zugleich gestaltet das kreisend sie umstrudelnde Gewand selbst die Verwandtschaft mit dem Element. Die *Gerechtigkeit* wiederum ist besonders lufterfüllt. Flatternd strebt ihr Gewand dem Fenster und der *Luft*-Allegorie entgegen. Dabei pendeln ihre Waagschalen frei im offenen Luftraum, in welchem sich ihr Urteil geistvoll atmosphärisch vollzieht. Gerade in diesem gesamthaften Tugendkontext erscheinen Gewand und Stand der *Klugheit* besonders ruhig und erdverbunden, vor allem im Abgleich mit der komplex ausdifferenzierten Gewandung und Beinstellung der *Tapferkeit* auf der gleichen Wand.

Dabei fällt auf, dass die Ostfiguren deutlich kürzere Gewänder tragen als jene im Westen. Außerdem ist die Kleidung im Osten deutlich trachtenartiger und somit bewusster an weltliche Bedingungen angelehnt als im Westen. Bossi erreicht dadurch Gruppenbildungen innerhalb der Vierzahl, die mitunter an Grundcharakteristika der jeweiligen Bau- und Beleuchtungssituation des Treppenraumes angelehnt sind. Die vielschichtigeren, reibungsvolleren Ecksituationen im konkret diesseitigen Licht der Ostseite und die Möglichkeit zu größerer physischer Nähe des Betrachters auf den Treppenstufen sind in den knapperen, detailreicheren und irdischeren Trachten sowie deren Kontrast zum nackten Körper besonders eindringlich aufgefangen, während das freiere, abstraktere Wallen der langen Gewänder im irisierenden Gegenlicht der Westseite die gelösteren Raumverhältnisse hoch über dem Besucher in einer bereits entrückteren Sphäre verkörpert.

Architektonisch eint es die Ostfiguren, jeweils zwischen einem östlichen Blendfenster und einem flankierenden Arkadenbogen der Ostwand eingespannt zu sein. Die flankierenden Arkadenbögen sind enger an die Mittelarkade gebunden als an die Raumecke. Man nimmt sie daher als von der Raumecke fortgerückt wahr. Umgekehrt verhält es sich mit den Blendfenstern. Sie treten allzu stark an die Ecke heran. Bossi entwickelt aus dieser willkürlichen Anordnung einen logischen Zusammenhang. Seine *Klugheit* bindet er rückwärtig an das nahe Blendfenster, lässt sie jedoch zugleich nach vorne hin mit dem Ausstrecken ihres spiegeltragenden Armes – gefolgt von einem ausgreifenden Gewandzipfel – die Abrückung der Arkade nachvollziehen. Dabei kaschiert er diese Fortrückung nicht, sondern lässt sie im Abstand zur Figur grundsätzlich bestehen. Durch die Gleichzeitigkeit von sichtbar gemachter Abrückung der Arkade und ihrer Anbindung an Arm und

◁ Abteitreppe, Klugheit

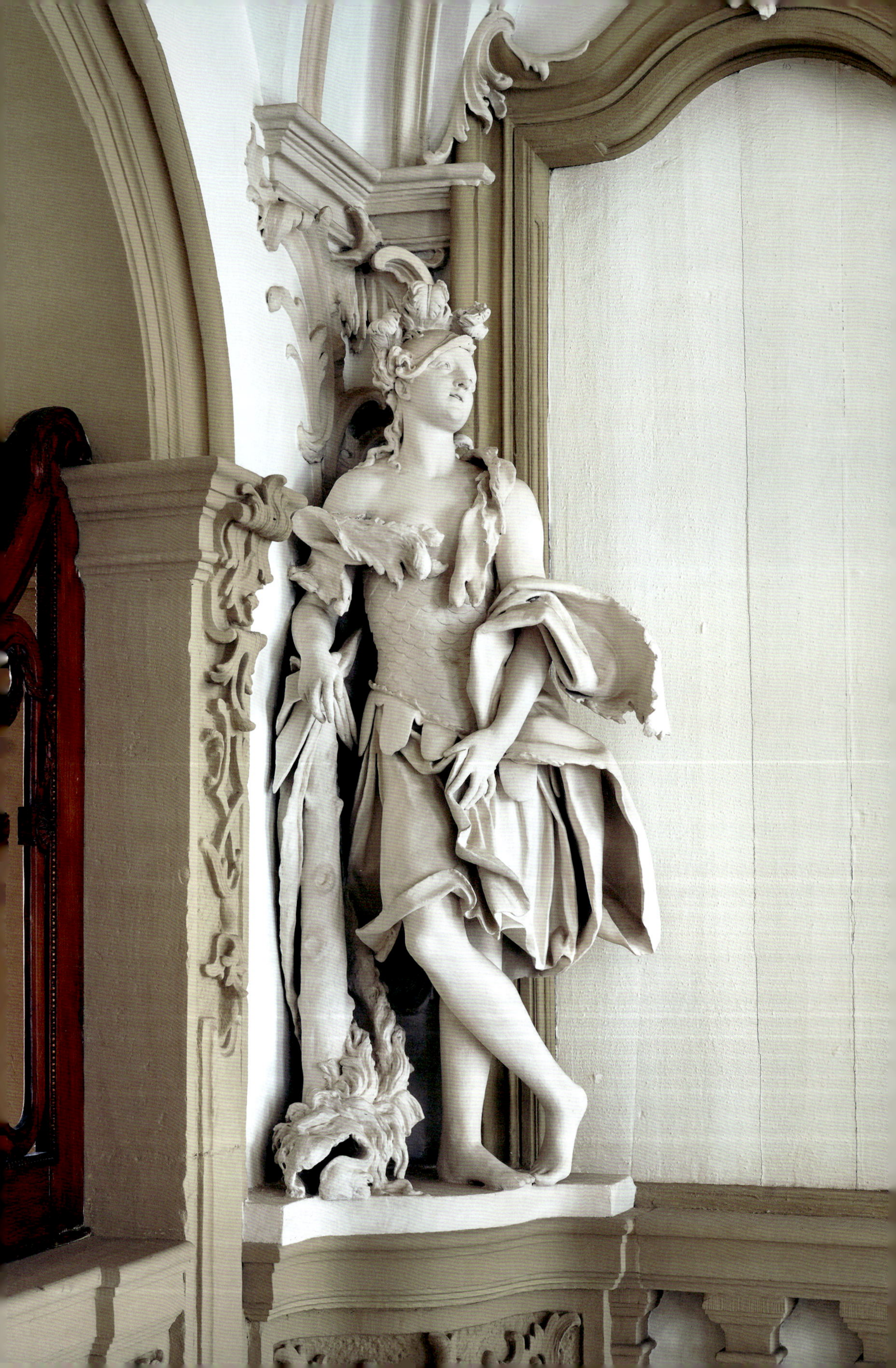

Gewandzipfel wird die ihrerselbst gänzlich unbewusste Architektur organisch von der Figur motiviert und folgerichtig an die Heranrückung des Blendfensters geknüpft. Dabei ist der direkt unterhalb des ausgreifenden Armes aufwallende Gewandzipfel das entscheidende Bindeglied. Denn er vermittelt die beiden Arme der Figur, indem er deren jeweilige Charakteristika, das kurvierte Sinken des rechten und das kantig-lineare Aufsteigen des linken Armes, in sich vermählt. So wird alles zu einem Handlungszusammenhang. Der sinkende rechte Arm, welcher in Zeigefinger und Daumen ein kleines Nichts umgreift, sowie der den Spiegel fassende, ausgreifende linke Arm werden durch den Gewandzipfel ineinander überführbar und bringen so Blendfenster und Arkade ins Zwiegespräch. Da der Gewandzipfel im Verhältnis zu den Armen immer nur mittelbar körperlich auftritt, wird er auch zum Vermittler zwischen Körper und Ornament. Nicht nur einen der beiden Arme verkörpert er immer nur soweit, wie es die Verkörperung des anderen gestattet. Auch die Armartigkeit lässt er nur soweit zu, wie es die Ranken-Ähnlichkeit erlaubt. So spiegelt er die hinter dem Haupt der *Klugheit* hervorwachsende Wandranke, welche den Gewölbefuß trägt, in sich hinein. Gemeinsam umgreifen Gewandzipfel und Ranke den linken Arm, ohne ihn letztlich zu fassen. Damit vergegenwärtigen sie im Großen, was der rechte Arm mit Daumen und Zeigefinger im Kleinen versucht, das Greifen nach etwas Unbegriffenem. Folglich ist diese Spiegelung selbst ein Widerspruch, weil das kleine Greifen der Finger viel enger das Nichtbegriffene umfasst, als es das große Greifen von Ranke und Zipfel vermag. So umfassen Ranke und Zipfel den linken Arm als Träger des Attributs und als Getragenes durch die Arkade, während der rechte Arm nur dichten, leeren Luftraum begreift. Sieht man nun, dass der kurvierte Verlauf des rechten Armes über Hals, Haupt und Blick der Figur vermittels der Wandranke zum Gewölbefuß und zugleich in Richtung vorgehaltener Spiegelfläche fortgeführt wird, so erscheint dieser Zusammenhang noch zwingender. Das Abwärtsgreifen des gesenkten Armes greift gleichsam über den Blick der Figur und dessen Fortsetzung in der Wandranke nach dem eigenen Anblick im Spiegel. Aber der linke, erhobene Arm ist zu stark gesenkt, um der Figur eine bloß auf sich selbst bezogene Spiegelung zu gewähren. Das hindert uns jedoch nicht daran, von einer Selbstbespiegelung im weiteren Sinne zu sprechen. Denn der gesenkte, rechte Arm zerrt in Gestalt des ihm verwandten Gewandzipfels kurvig am Spiegelarm. In jenem Moment, wo dieser gesenkte Arm im Gewandzipfel seine Verwandtschaft mit dem Spiegelarm erkennt, entzieht er sich selbst die reine Selbstbespiegelung und weitet den Blick seiner Tugend auf ihre architektonische Einbettung. So erkennt sich das Auge der *Klugheit* im Spiegel als organischen Teil der stuckatorischen Lösung vorgefundener Ungereimtheit.

Der *Tapferkeit* im Südosteck ergeht es architektonisch zwar grundsätzlich gleich, doch überrascht die unvergleichliche Lösung desselben Problems. Dies beginnt schon bei der Behandlung des Themas. Anders als man es von dieser Tugend erwarten würde, hat sie die Heldenkeule beiseitegestellt und das erbeutete Löwenfell zu Boden sinken lassen. Die äußerliche Tatkraft hat sich innerer Kontemplation zugewandt. Nicht der Drang von sich fort und hinaus in die Welt, sondern das Umspielen der eigenen Körperachse ist zur eigentlichen Handlung geworden. Dies zeigt die überkreuzte Kontrapost Stellung der Beine, die auf sich selbst bezogene Geste des linken, die Abstützhaltung des rechten Armes und das zum Deckenhimmel hinaufgeneigte Haupt. Während der tote Löwenkopf entlang der Keule müde herabgesunken ist, wird die auf dieser Keule abgestützte Hand der Tugend zur Ahnung eines Segensgestus. Was auch immer sie im Deckenfirmament erblicken mag, es ist die Ursache für eine Emp-

◁ Abteitreppe, Tapferkeit

findung, die sich in unbewusster Zeugung des segnenden Handzeichens äußert. Im Moment dieser heilsamen Einsicht ist nicht nur der Löwenkopf kreisend um die Keule herniedergesunken und zu restloser Müdigkeit ermattet, auch das Gewand der Tapferkeit will sich senken und lösen. Gerade noch kann die Tugend mit ihrer Linken die zunehmende Entblößung verhindern, durch welche die Figur aus ihrer diesseitigen Soldatentracht zugunsten allgemeingültigerer Nacktheit geschält werden soll. Der empfangene Segen zeigt diese Loslösung von der irdischen Hülle wesentlich mit an, die Tugend erledigt sich vollkommen in ihren Taten, nachdem der mutige Löwe in Erfüllung der Tapferkeit seine Niederlage erfuhr.

Überhaupt ist das Verhältnis der Figur zu ihren Attributen, der Keule und der Löwenhülle, einzigartig. Keule und Löwe ergeben genauso sehr eine Einheit wie Figur und Tracht. Und eben in gleicher Eintracht wollen sich beide voneinander scheiden. Bossi schafft darin ein Symmetrieverhältnis, obwohl die Voraussetzungen dafür denkbar ungünstig erscheinen. Während sich die Löwenhülle sinkend um ihre Keule windet, wendet sich das Spielbein kreisend vor das Standbein. Die stramme Keule spiegelt dadurch das feste Stehen des geraden Standbeins in der gleichen Art und Weise wider, wie das gekrümmte Spielbein die gewundene Ermattung des Löwen reflektiert. Bossi deckt in unterschiedlichsten Dingen Grundentsprechungen auf. Das Spielbein ruht am Standbein, wie der Löwe an der Keule. Keule und Standbein übernehmen den Rückhalt für physische Ermattung. Aber gerade das birgt eine tiefere Dimension. Bei aller Entsprechung ist doch die Ermattung des Löwen existentieller als die des Spielbeins. Der Tod des Tieres scheidet sich hier vom Leben der menschlichen Gliedmaße, wie auch die Keule totes Material gegenüber der Vitalität des Standbeins vertritt. Aber gerade weil die abgeschiedene Hülle des Löwenhauptes den Ausdruck des Sterbens so ausdrucksstark konserviert hat, weil uns also der herzzerreißende Vorgang des Hinscheidens im toten Material hinreißt zu der Einsicht, dass das Gestorbensein nur in seinem eigenen Gegenteil, dem Sterben, enthüllt wird, löst sich das Problem. Denn das tote Attribute-Paar ist gegenüber seinem Spiegelbild, dem lebendigen Beinpaar, viel lebendiger als gedacht. Im Totsein des Löwengesichtes ist eine unerwartet berührende Lebendigkeit des Sterbens enthalten, die eine direkte Assoziation mit dem geneigten Haupt der Tugendfigur möglich macht. Das emotional Antlitzhafte, das der hohen Aufrichtung der menschlichen Tugend vorbehalten schien, kehrt ganz tief erniedrigt im Tierischen des Löwengesichtes wieder. Damit wird der Kontrast aus lebendigerem Bein- und totem Attribute-Paar in das Attribute-Paar hineingenommen und verdichtet. Das Leben des Löwen scheitert gerade an der erbarmungslosen Totheit der Holzkeule, während die Beine demgegenüber viel weniger voneinander geschieden scheinen. Aber gerade dieses hinreißend weiche und mild umkreisende Scheitern des Löwen entlang der Härte der geradlinigen Keule schmeichelt diesem Tötungsinstrument ungemein und haucht ihm unheimliches Leben ein. Die Keule stellt sich wie ein zweites, gesteigert starres Standbein neben das tatsächliche Standbein der Figur. Keule und Figuren-Standbein werden wiederum zu einem neuen Paar. Schon in der Abstützung des segnenden rechten Armes entspricht die Keule einem weiteren Bein, welches das Spielbein zusätzlich entlastet. So besitzt die Figur in der Keule ein insgeheimes zweites, außerkörperliches Standbein, welches dem Spielbein eine momentane Lösung vom Körper ermöglicht, in der es sich – wie in einem vorübergehenden Tod – vom Leben erholen kann. Denn – und dies vermittelt die Ahnung vom segensreichen Fingerzeig der Tugend – es besteht die Hoffnung, dass wir dem Ausdruck des Löwenantlitzes trauen können und seinen Tod nur als einen besonders erschöpfenden Tiefschlaf erkennen dürfen. Zumindest lässt sich wohl kaum ein erholsamerer Schlaf denken, als jener, der in diesem

Tiergesicht zur Anschauung gelangt. Wobei er seine ganze Tiefendimension erst in der konträren Spiegelung erhält, die das emporblickende Tugendantlitz dem niedergelegten Tierhaupt gegenüberstellt. In diesem Gesicht reflektiert sich schließlich *Tapferkeit* in Hingabe an den größeren Bauzusammenhang ihrer Hülle.

Angelehnt an das Blendfenster und milde zurückgezogen von dem Rückzug des Arkadenbogens nach Norden hinüber, reflektiert diese Tugend auch die besondere Stellung der *Klugheit* in der Architektur. Denn mit der *Tapferkeit* lässt Bossi die Distanz der Figur und folglich des Blendfensters zur Arkade hin sichtbar zu Tage treten. Was bei der *Klugheit* der vermittelnde Gewandzipfel war, ist hier der niedergesunkene Rest des Löwen. Er ist es, dessen Kurve vor der Wandfläche die Kurven der Wandranke hinter dem Haupt der *Tapferkeit* umgekehrt spiegelt. Löwen- und Rankenkurve bilden einen klammerartigen Zusammenhang, der demjenigen der *Klugheit* als dessen Gegenbild entspricht, nämlich als Entspannung und Lösung dessen, was gegenüber zugreifen wollte. Dazwischen als Spiegelachse – wie bei der *Klugheit* auch – der attributiv vorrangige Arm der *Tapferkeit* mit der Idee des Segens. Aber auch dieser Arm ein Gegenbild zur Tugend gegenüber, nicht das bewusste Ausstrecken zum Ergreifen des eigenen Bildes, sondern die Reflexion der eigenen, unbewussten Empfindung.

Das Tugendpaar in den westlichen Raumecken dagegen setzt sich mit einer anderen architektonischen Situation auseinander. Fortgerückt ist das auf der Schmalwand benachbarte Blendfenster von der Ecke. Zum Ausgleich dafür hat sich das nächstgelegene Westwandfenster angenähert, sitzt es doch auffällig abgerückt vom dazugehörigen Stichkappenscheitel. Dieses Fenster besitzt nun – anders als das Blendfenster – eine besonders ausgeprägte Tiefe. Dadurch füllt

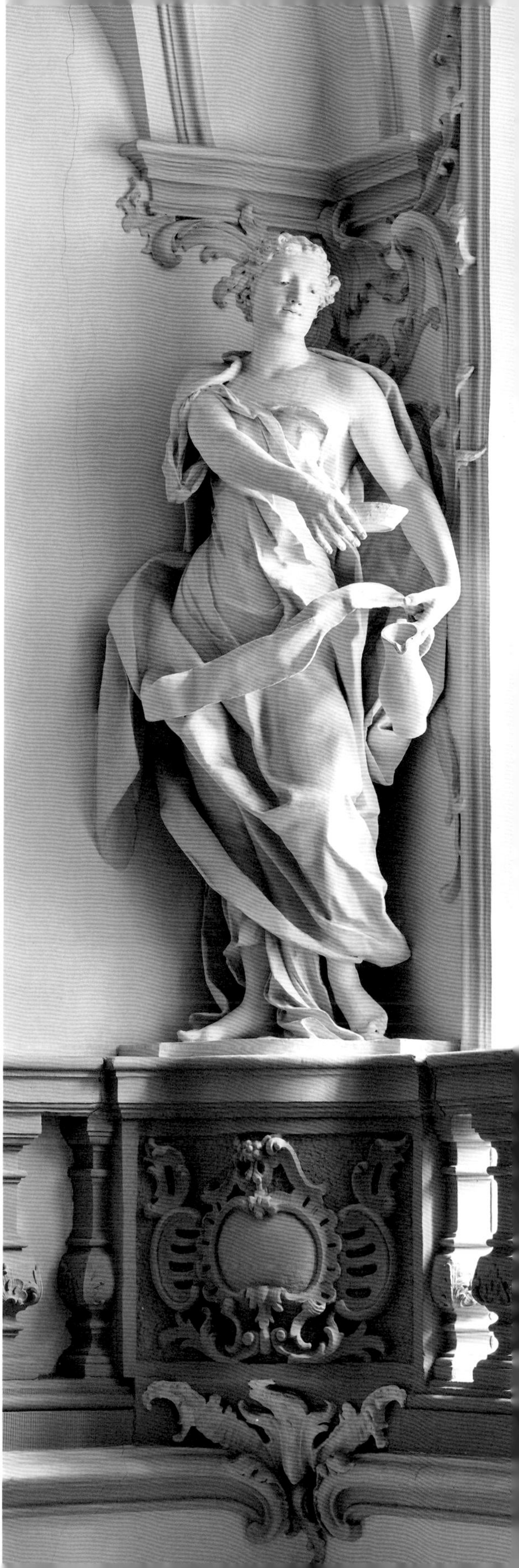

▷ Abteitreppe, Mäßigung

es sich am Tage ebenso sehr mit Licht, wie nachts mit tintig-schwerer Schwärze. Bossis Tugenden setzen sich damit auseinander. So richten *Mäßigung* und *Gerechtigkeit* ihr Tun auf das direkt benachbarte Westfenster aus. Gezielt führen sie ihre Attribute vor die Wandöffnung und überwachen blickend das dort sich vollziehende Geschehen. Indirekt reagieren sie aber auch auf die weniger unmittelbare Nachbarschaft des Blendfensters. Ihre Kontrapost-Stellung hat die Körper in S-förmige Schwingung versetzt. Mit ihrer ondulierenden Silhouette antwortet jede Westtugend auf die ebenso S-kurvige Gestalt der großen Rocaille-Ranke, die sich an den benachbarten Blendfensterpfosten geheftet hat. Unmittelbares Handeln nach Westen und mittelbare Körperreaktion nach der Schmalwand bindet die ungleichmäßig getrennten und untereinander ungleich gearteten Wandöffnungen von West- und Schmalwand in der Figur aneinander und führt damit die gegenläufigen Wände schlüssig in der Raumecke zusammen. Durch ihre doppelte Reaktion auf Fenster und Blendfenster bleibt jede Tugend somit im bewussten Bann der Raumecke, fügt sich fest in deren Vertikalachse ein und fängt darin die herabdrängenden Gewölbelasten im Konflikt der aufeinanderprallenden Wände federnd elastisch ab.

Erneut ist hierbei die Variation dieser Lösung faszinierend. Die *Mäßigung* hat zum Abmischen von Wein mit Wasser Krug und Becher vor die Lichtöffnung gehoben. Schon senkt sich der lastende Krug im linken Arm, während sich der Becher erleichtert im rechten erhebt. Längst ist das Ziel erreicht, der Wein hat seine Schwere verloren und hebt sich als hehrer Trank erleichtert in die Luzidität des ihn empfangenden Lichts. Mit diesem Augenblick wird alles Verkörperung des erquickenden Vorgangs. Was direkt am Leib der Tugend in Gestalt des enganliegenden Untergewandes rauschend-strudelnd zu Boden strömte, hebt sich wogend gelindert entspannt zum luftig darüberschaukelnden Übergewand in eine neu erfrischte Leichtigkeit hinauf. Genau zwischen Krug und Becher greift die Tugend mit der krughaltenden Hand den Saum dieses neuen Wogens und bestätigt, wie sehr sich in der Begegnung konträrer Gewandpartien der Mischvorgang von Wein und Wasser höchstselbst an ihr vollzogen hat. Das eigentliche Ergebnis dieser Verkörperung kann aber nur die Enthüllung der nackten, elementaren Tatsachen des tugendhaften Menschenkörpers sein, denn nur in ihnen findet sich das Ziel der erquikkenden Vermählung von Unterschiedlichem.

Auch die *Gerechtigkeit* kennt den Kontrast aus anliegendem, fallendem Unter- und bewegt aufwallendem Obergewand. Nur ist hier alles dem Element *Luft* zugetan. Sowohl über die Bein- also auch über die Schulterpartie hinweg folgt das aufflatternde Obergewand dem erhobenen rechten Arm mit pendelnder Balkenwaage in den freien Luftraum vor die Fensteröffnung. Doch dem doppelten Aufflug setzt das urteilende Abwägen der Waagschalen ein sofortiges Ende. Denn gerade dort, wo die Aufwärtsbewegung des Armes ihren Höhepunkt erreicht, im Ergreifen der Waagachse also, schlägt der Balken entgegen der bisherigen Steigbewegung aus und senkt seine westliche Schale schwer vor das Fenster nieder. Im Urteil der Waage findet die Tugendfigur der *Gerechtigkeit* also wieder zu sich selbst, ist doch diese abwägende Fallbewegung lediglich eine umgekehrte Steigung in Richtung der Figur zurück. Denn die Mittelpartie des Obergewandes greift ganz folgerichtig die Neigung des Waagbalkens auf. Das oben genannte, doppelte Emporflattern des Stoffes über Bein- und Schulterpartie hinweg ist in diesem mittleren Gewandstück verbunden, welches von der linken Schulter herab über die Brust-, Bauch- und Hüft-Partie nach Westen niederrollt. Es parallelisiert die Neigung des Waagbalkens und projiziert sie vergrößert in die Figur hinein. Dabei spiegelt jene vermittelnde Gewandbahn – vor allem in ihrer

▷ Abteitreppe, Gerechtigkeit

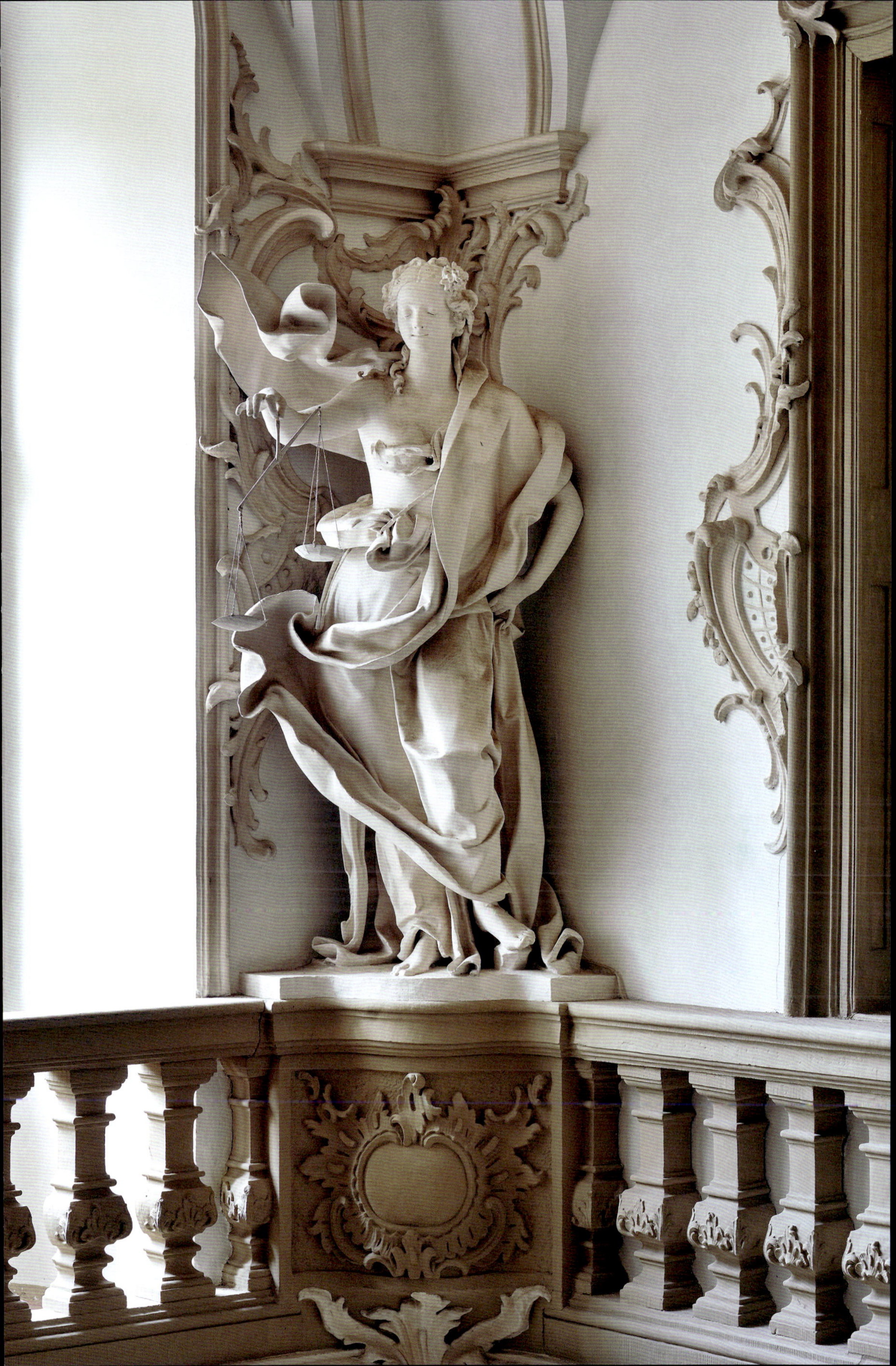

großen, vor den Unterleib herabgesunkenen Schüsselfalte – das Wägen der Waage innerhalb des Figurenaufbaus. Die *Gerechtigkeit* wägt also ab zwischen einem zwiefachen Aufflattern, das nicht zweimal dasselbe sein kann. Steigt der große Gewandzipfel hinter der rechten Schulter lufterfüllt dem Westfenster zu, dann zieht er – vermittels der mittleren Gewandpartie vor Brust, Bauch und Hüfte – das vor den Beinen nach Westen auffliegende Gewand herab und vom Fenster fort. Gewichtet unsere Wahrnehmung hingegen das Hinaufdrängen des unteren Gewandabschnitts vor den Beinen, dann schwächt dieses wiederum aufgrund der Mittelpartie das hohe Hinauf des Schultergewandzipfels. Das symmetrisch zweimal Gleiche ist also gerade an seiner Spiegelachse unterschieden. Erscheint es aus der einen Perspektive so, dann ist es aus der anderen Ansicht etwas ganz anderes. So hat Bossi die Fähigkeit und Bürde der *Gerechtigkeit* mit jenem Körper in Deckung gebracht, der diese ausdrückt und umsetzt. Urteilen über andere ist also urteilen aus der eigenen, inneren Abwägung heraus. Dies wird schon dadurch anschaulich, dass sich das luftig-schwankende Hin und Wider der Gewandpartien auf den inneren Stand der Figur überträgt. Der ganze Tugendkörper wiegt sich auf Stand- und Spielbein von einer zur anderen Seite. In der Fußzone wechseln drei senkrechte Untergewandpartien gleichmäßig mit der Stellung der Beine ab. Bossi rhythmisiert also Gewand, Bein, Gewand, Bein und wieder Gewand. Der Fuß des Standbeins steht fest auf dem Boden, derjenige des Spielbeins aber ist auf einem Stein entspannt abgestellt. Das schmalwandseitige Gewandstück zitiert nun bewusst diesen Spielfuß inklusive der emporgestreckten Zehen. Die Gewandpartie zwischen den Füßen wiederum imitiert den fest am Boden haftenden Standfuß. Daraus folgt ein optisch geradezu irisierendes Wechselspiel der konträren Fußhaltungen und gegensätzlichen Gewandstücke. Die Lage der Figur pendelt zwischen tatsächlichem und fiktivem Stand. Vergleicht man aber das besagte Gewandstück zwischen den beiden Füßen mit jenem ganz im Westen, welches sich breit auf den Boden niederfaltet und somit noch viel größere Ähnlichkeit mit dem festen Stehen des Standfußes hat, dann offenbart das mittlere Gewandstück plötzlich seine Verwandtschaft mit dem Schmalwand-Gewandstück und dem dazwischenliegenden Spielfuß. So wird das obengenannte Wechsel- um sein Gegenspiel ausbalanciert. Das in unseren Augen sich vollziehende Pendeln innerhalb der Fußpartie findet auf diese Weise den Weg in das Schlingern der S-förmigen Gesamtsilhouette der Tugend und gleicht darin das horizontale Abwägen der Waagschalen, der Hüfte und der Armhaltungen zwischen den beiden konträren Wänden entlang der Raumecke aus. Bei dieser Union der Gegensätze entsteht die dritte Dimension, d. h. das Vorgebeugtsein des Spielbeins genau dort, wo der linke Arm sich in die Tiefe der Ecke zurückstemmt und das verschleierte Zurückbleiben des Standbeins auf jener Seite, wo der rechte Arm das Wägen demonstrierend herausstellt. Was hier also nicht nur in den Waagschalen, sondern im ganzen Tugendkörper erwogen wird, ist die Einheit von Unvereinbarkeiten, seien diese Richtungen, Wandflächen, Fenster oder Lichtwerte. Gelingen kann sie nur in dem, was sich ihrer Zweidimensionalität widersetzt, der Entstehung des in sich aufgespannten Menschenleibs. Er zündet die eigentliche Identifikation mit dem Gegenstand und macht uns Betrachter aus Betroffenheit zu Letztverantwortlichen eines den gesamten Raum betreffenden Kunstwerks. Denn die gegenläufigen Ansprüche dieses Stiegenhauses können eben nur dann gerecht beurteilt werden, wenn sie den Körperreflex unserer elastisch abfedernden und alles zusammenhaltenden Tugendhaftigkeit provozieren. Es liegt darin denn auch ein wichtiger Schlüssel für die fundamentale Neubetrachtung und -bewertung aller Arbeiten des Antonio Bossi.

7 Kestler, ABTEI OBERZELL 1856, S. 105; Mader, KUNSTDENKMÄLER 1911/1982, S. 237; Muth, OBERZELL 1986, S. 19; Schneider, KLÖSTER 1993, S. 85–86; Dehio, FRANKEN 1999, S. 658; Kummer, BAROCKISIERUNG 2006, S. 448; Emmert, KLOSTER OBERZELL 2010, S. 23–24;
Die Literatur ist sich weitgehend einig darüber, dass v.a. die älteren Treppenanlagen von Schloss Weissenstein (Pommersfelden) und Kloster Ebrach vorbildlich gewesen sein dürften. Muth hat zudem für Oberzell richtigerweise auf ein problematisches »*Zusammentreffen* [...] *der beiden unteren seitlichen, den Lauf stützenden Arkadenbögen*« (S. 19) hingewiesen. Somit liegen bereits zwei Gründe gegen die Autorschaft Neumanns vor: a) das Rekurrieren auf ältere Treppenhäuser, die nicht bzw. nur äußerst bedingt Neumann zugewiesen werden können, b) die Mängel der Ausführung.

8 Emmert, KLOSTER OBERZELL 2010, S. 23–24.

9 Zur Rocaille siehe: Bauer, Hermann: *Rocaille. Zur Herkunft und zum Wesen eines Ornament-Motivs*, in: Neue Münchner Beiträge zur Kunstgeschichte, Kunsthistorisches Seminar der Universität München (Hrsg.), Bd. 4, Berlin 1962, darin v.a. den Hinweis auf die potentielle Doppelfunktion als Ornament und Bildgegenstand (S. 61), wobei wir die selbstzerstörerische Ausdeutung dieses Befundes auf S. 63 und 77 nicht teilen; Irmscher, Günter: *Kleine Kunstgeschichte des europäischen Ornaments seit der frühen Neuzeit (1400–1900)*, Darmstadt 1984, S. 251–265, darin v.a. der Hinweis auf die Herkunft von der Volute (S. 251 ff.) und die Doppelfunktion als Ornament und Bildgegenstand (S. 253).

10 Die eigenwillige Lage mag sich den ehemals dahinterliegenden Räumen verdankt haben, wie z.B. dem zweitstöckigen Hauptsaal der ersten Etage im Süden, vgl. dazu Kummer, BAROCKISIERUNG 2006, S. 442 ff.

11 Vgl. hierzu Böhme, Gernot/Böhme, Hartmut: *Feuer, Wasser, Erde, Luft. Eine Kulturgeschichte der Elemente*, München ²2004, insbes. S. 193–227.

12 Hildegard von Bingen: *Heilkunde (Causae et Curae). Das Buch von Grund und Wesen der Heilung von Krankheiten*, übers. u. erl. v. H. Schipperges (1957), Salzburg ⁴1981, zitiert nach Böhm/Böhm, ELEMENTE 2004, S. 199.

13 Keseling, Paul: *Die vier Kardinaltugenden. Ein Beitrag zu dem Thema Antike und Christentum*, Philos. Jb. 58 (1948), S. 283–288, hier insbes. S. 284; Hilpert, Konrad: *Kardinaltugenden*, in: Lexikon für Theologie und Kirche (LThK), Walter Kasper (Hrsg.), Bd. 5, Freiburg i. Br. ³1996, Sp. 1232 ff.

14 *Das Buch der Weisheit* 8,7.

15 Keseling, KARDINALTUGENDEN 1948, S. 285–286; Hilpert, LThK Bd. 5 (1996), Sp. 1232 ff.

16 Keseling, KARDINALTUGENDEN 1948, S. 287.

17 Das entsprechende Gregor-Zitat bei Mähl, Sibylle: *Quadriga virtutum. Die Kardinaltugenden in der Geistesgeschichte der Karolingerzeit*, Köln 1969, S. 23.

18 Keseling, KARDINALTUGENDEN 1948, S. 287–288; Pieper, Josef: *Das Viergespann. Klugheit, Gerechtigkeit, Tapferkeit, Maß*, München 1964; Hilpert, LThK Bd. 5 (1996), Sp. 1232 ff.

19 Mähl, QUADRIGA 1969, S. 15–16 und S. 19–23.

20 Mähl, QUADRIGA 1969, S. 19–23.

21 Böhm/Böhm, ELEMENTE 2004, S. 221–227; einen künstlerischen Impuls für die Kombination von Kardinaltugenden und Elementen könnte Bossi auch aus seiner Zeit in Ottobeuren empfangen haben. Der Vorplatz der Sommerabtei zeigt die vier Tugenden als stuckierte Nischenfiguren (von J. B. Zimmermann), darüber als Deckenmalerei die vier Elemente. Allerdings fehlt hier die engere Paarbindung von Tugend und dazugehörigem Element. Für den Hinweis danke ich Abt Johannes Schaber OSB, Benediktinerabtei Ottobeuren; vgl. Dischinger, Gabriele et al., *Ottobeuren. Barocke Bildwelt des Klostergebäudes in Malerei und Plastik*, 2 Bde., Sankt Ottilien 2014, insbes. Bd. 2, S. 349–355.

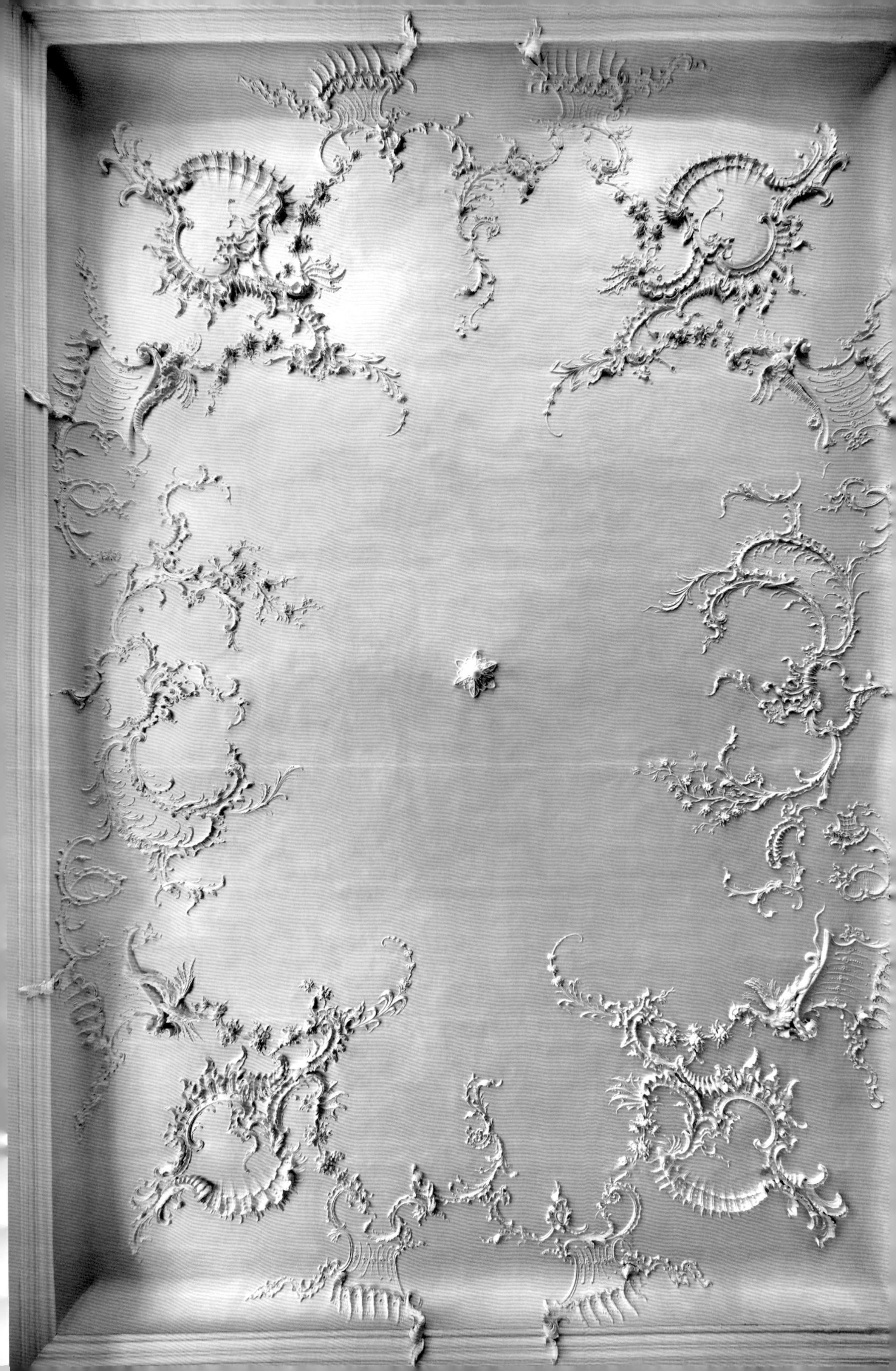

DAS »ZIMMER DER NATURKRÄFTE«

Die Dreierarkade der Treppenhaus-Ostwand passierend gelangt der Besucher in das Hauptgeschoss der Abtei, welches unmittelbar südlich der Stiege den heute verlorenen, zweigeschossigen Saal beherbergte. Direkt an diesen schloss sich eine kleine, bewohnbare Raumfolge an, die einer im Jahr 1800 gemachten Auflistung zu Folge aus einer »*Garderobe-Kammer*«, einem »*Speißzimmer mit Ofen*« und einem »*Wohnzimmer mit Ofen*« und Bettnische bestanden haben soll.[22] Ob die Räume dabei ausschließlich der Wohnnutzung dienten oder auch für Festlichkeiten im angrenzenden Saal genutzt werden konnten, bleibt unklar.

Das Eckzimmer im Südwesten – der größte Raum der kleinen Suite – besticht durch seinen ausgezeichneten Deckenstuck. Er verweist auf den hohen Rang seiner Nutzer, ohne dabei motivisch auf eine bestimmte Verwendung festgelegt zu sein. Die Dekoration beeindruckt durch ihre vitale Rocaille-Ornamentik, die schillernd zwischen tierischen und pflanzlichen Gestalten oszilliert. In Ermangelung einer überlieferten Bezeichnung soll der Raum daher das »Zimmer der Naturkräfte« genannt werden.

Die Vouten-Wölbung des nach Westen durch drei, nach Süden durch zwei Fenster gleichmäßig getakteten, längsrechteckigen Raumes gestaltete Bossi symmetrisch um die Deckenmitte, ohne dabei zu einer statischen Komposition zu gelangen. Große, komplex gebildete Kartuschen greifen weit aus den vier Raumecken zur Deckenmitte vor. Dazwischen entfaltet sich auf den Längswänden das ornamentale Hauptmotiv, welches auf den Schmalwänden von einem verwandten Sekundärmotiv beantwortet wird. Jede Eckkartusche ist im Sinne des Rokoko betont asymmetrisch gebildet und in ihrer breit ausgedehnten Mitte vom Fond der Decke aus sachte zu einem Schild vorgewölbt. Dabei baucht sich ihre Kontur in Form einer stachelig-rippigen Spange besonders stark in Richtung Schmalwand aus. Hier beweist Bossi sein ganzes Können im Bereich der Bas-Relief-Technik, indem er nicht nur die Plastizität des inneren Schildes, sondern auch diejenige der Stachel-Rippen-Spange vollkommen aus dem Deckengrund gewinnt. Er lässt den Leib der Kartusche sowie die ausgebauchte Spange förmlich aus diesem Fond hervortauchen und macht die Decke gerade in ihrer unbändigen Flächigkeit zum unergründlich tiefen, atmosphärischen Körper. Verschieden dimensionierte und gestaltete Rocaille-Spangen werden so aneinandergesetzt, dass sie die Kartuschenbildung vital und dynamisch im Moment der Betrachtung vollziehen. Die Eckkartusche entsteht also beim Hinsehen und wächst aus ihrer Ecke der Deckenmitte zu. Insgesamt gemahnen die verschiedenen Spangengebilde dieser Kartuschen an diverse Tier- und Pflanzenkörper, ohne jedoch

◁ Zimmer der Naturkräfte, Gesamtansicht der Voutendecke

vollständige Lebewesen darzustellen. Das Tierische wird repräsentiert von stacheligen, schuppigen, rippig-knorpeligen, wirbelsäulen- und flügelartigen Gebilden und erinnert an Reptilien und Drachen, ohne dass dabei die Grenze zum blatthaft rindig und flechtig Pflanzlichen eindeutig gezogen werden könnte. Das verleiht den an sich abstrakten Ornamentgebilden – neben der dynamisierenden Komposition – das ungemein Konkrete, Gegenständliche und Lebendige, macht sie im unermesslichen Zwischenreich aus Ornament- und Lebensform genauso reizvoll wie unheimlich. Die Durchdringung von Tier- und Pflanzenwelt im Ornament der Eckkartusche erklärt sich dabei letztlich aus ihrer Umgebung, d. h. ihrer Einbettung in das umlaufende Stucksystem. Während ins Haupt der Kartusche eingesteckte Halme die äußerste Zuspitzung in Richtung Raummitte herstellen, schaffen links und rechts eingehängte Blütengirlanden die Verbindung zum Rest des umlaufenden Dekors, und zwar vermittels der Interaktion von Drachen und Ranken auf Längs- bzw. Schmalseiten. Hier nun treten jene Motive, welche in der Eckkartusche bloße Ahnung zwischen Flora und Fauna geblieben waren, ganz unmittelbar hervor. Während sich ein Drache von der Längsseite aus der Eckkartusche zuwendet, tut desgleichen von der Schmalseite aus eine frisch sich entrollende Farnblatt-Ranke. Beide – der Drache wie die Ranke – ergreifen dabei auf ihre Weise eine der beiden Blütengirlanden, welche an die Eckkartusche angebunden sind.

Drachen bilden einen festen Bestandteil in Bossis Motivschatz und treten nicht nur in Oberzell an verschiedenen Stellen auf. Dies mag Gründe in der Zeitmode haben, ist aber auch sehr wesentlich aus der lombardischen Herkunft des Stuckateurs motiviert.[23] Die Mitte des 18. Jahrhunderts ist eine Schwellenzeit für die Auffassung des Drachens. Zedlers Leipziger Universallexikon von 1734 hält Drachen noch immer für real existierende Tiere, die von »*Naturkündigern*« regelmäßig gesichtet würden.[24] Die französischen Enzyklopädisten dagegen degradieren das Wesen 1755 – im Sinne der Aufklärung – zum Fabeltier.[25] Abt Oswald Loschert, der für seine anti-aufklärerische Haltung in Fragen des Hexen- und Zauberei-Glaubens bekannt war,[26] dürfte in diesem Punkt wohl eher die konservative Haltung Zedlers vertreten haben, zumal die Existenz von Drachen aus christlicher Sicht biblisch fundiert ist und theologisch die Überwindung des Chaos zugunsten der Schaffung des geordneten Kosmos repräsentiert.[27] So sieht die Offenbarung des Johannes in der Vernichtung des Drachens die Überwindung der Erbsünde im Weltgericht.[28] Dieser Kontext sollte beim Blick auf Bossis Drachen stets bedacht werden, besonders, wenn sie mit Gegenständen und Figuren der übrigen Bildwelt interagieren.

So zielte der Stuckateur im »Zimmer der Naturkräfte« auf eine bewusste Assoziation von Drache und Farnblatt-Ranke, beide im Begriff, eine Eckkartuschen-Girlande an sich zu ziehen. Das Tier sitzt auf dem gleichen Typus eines Zier-Gebälkstücks wie die Ranke. Das macht deutlich, wie wenig sich das Greifen des Drachen vom Griff der Pflanze unterscheidet, die Lebenskraft ist beiden gleichermaßen zueigen und verdichtet sich in den übergangslosen Verbindungen des Tier- und Pflanzenartigen der Kartusche. Was an der Peripherie in Gestalt des girlandenschnappenden Tiers und der girlandengreifenden Farnranke wie zwei Pole einer Aussage ausgebreitet ist, findet in der Kartusche seine ans Urtümliche grenzende Vermählung. Aber gerade diese unheimliche Union innerhalb der Kartusche spiegelt doch aus ihrer inneren, drängenden Wildnis die gemeinsame Grundkraft in die säuberlich geschiedenen Pole hinaus.

Die Zier-Gebälkstücke, auf denen die Drachen reiten und denen die Farnranken entwachsen, fußen auf dem tatsächlichen Gebälk, das der Voutenwölbung ihr architektonisches Fundament gibt. Wie die Drachen und Farnranken nach den Girlanden fassen, so umgreifen diese Zier-Gebälke in einer drachenschwanz- oder reptilienhautartigen

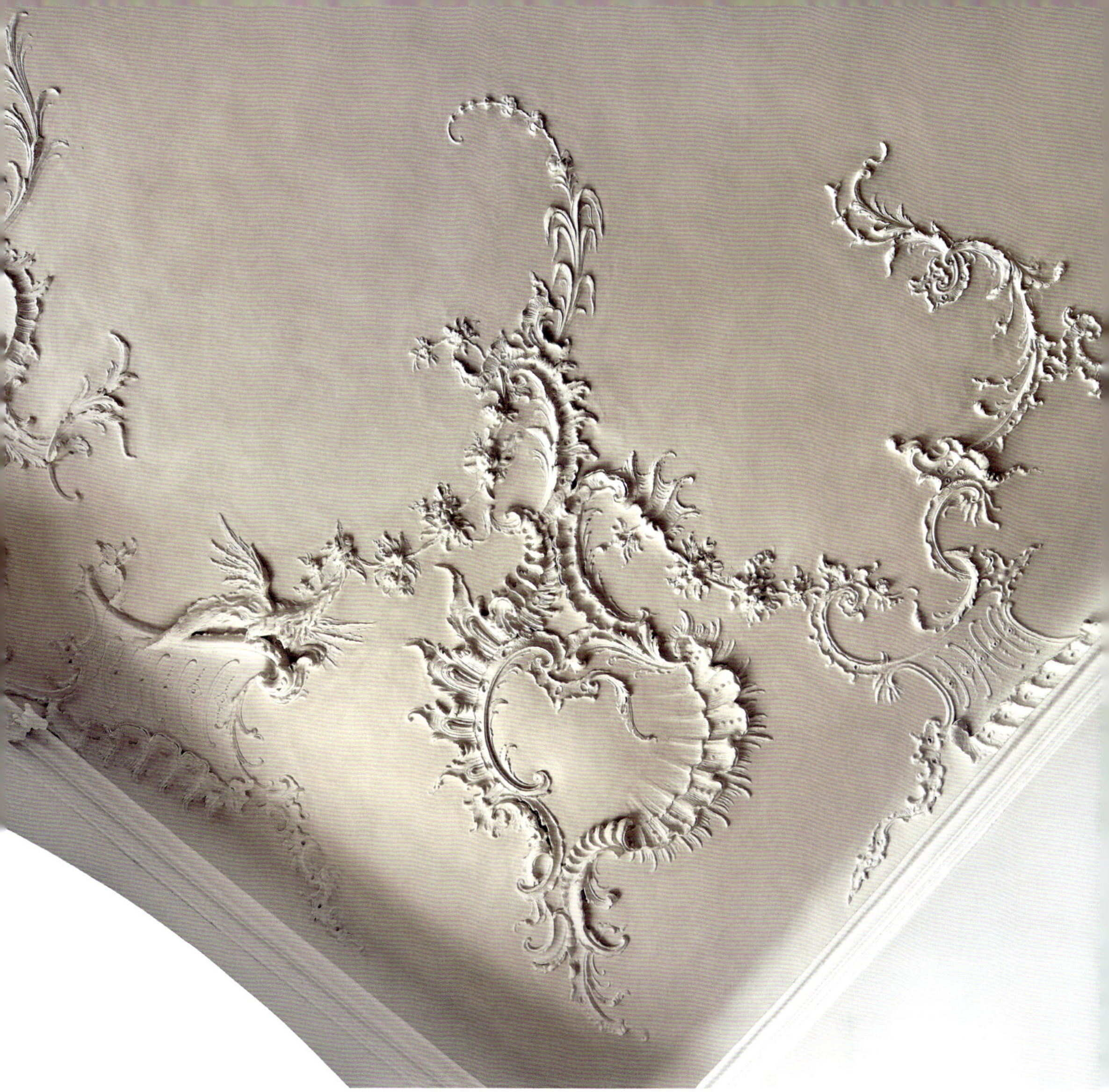

Ranke das Voutengebälk. Dadurch binden sie sich physisch an die Architektur des Raumes und überschreiten zugleich als tierisch-vegetabile Organismen die Grenze des imaginären Stuckbildes.

Die Wandmitte wird von den Zier-Gebälken schmalseitig eng, langseitig dagegen weit umstellt. Zwei dieser Gebälkstücke umrahmen auf jeder Längsseite ein nicht besonders großes Kartuschenornament mit weit ausgreifenden, rankenden Extremitäten, wohingegen auf den Schmalseiten eine vermeintlich leere Mitte mit bekrönender, S-förmiger Rankenspitze von zwei Gebälkstücken umfasst wird. In diesen Widerspruch aber hat Bossi einen tiefgründenden Zusammenhang eingebettet. Die sonderbar leere Silhouette, welche auf den Schmalseiten durch Zier-Gebälke und Ranken gebildet wird, ist selbst die vergrösserte, aufs Voutengebälk herabgesunkene und dort wie ein geplatzter Spiegeleidotter zerfließende Verfallserscheinung der längsseitigen Mittelkartusche. Was auf der Längswand kompakt und organisch geschlossen vor uns steht und ein mannig-

△ Zimmer der Naturkräfte, Eckkartusche

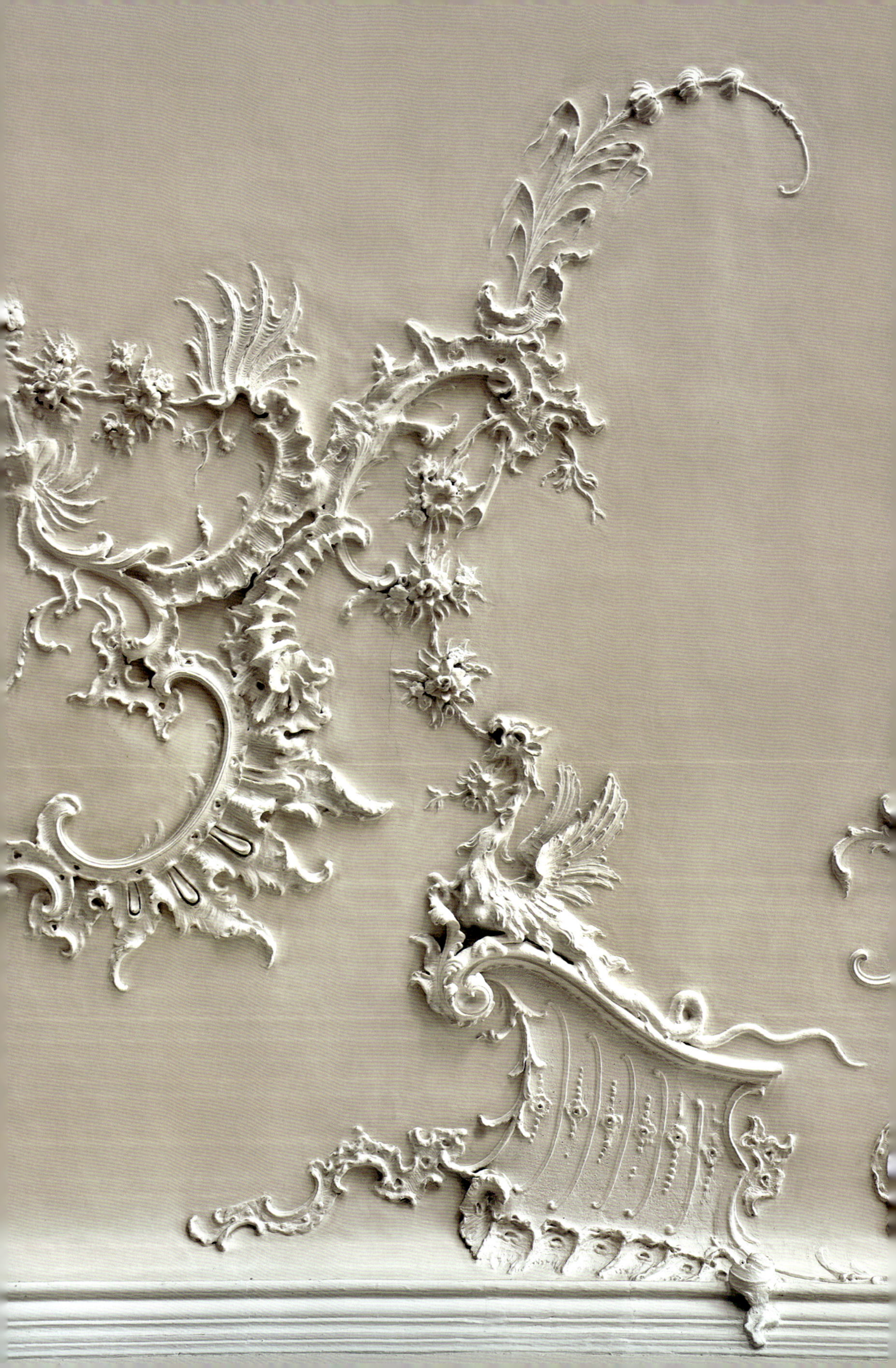

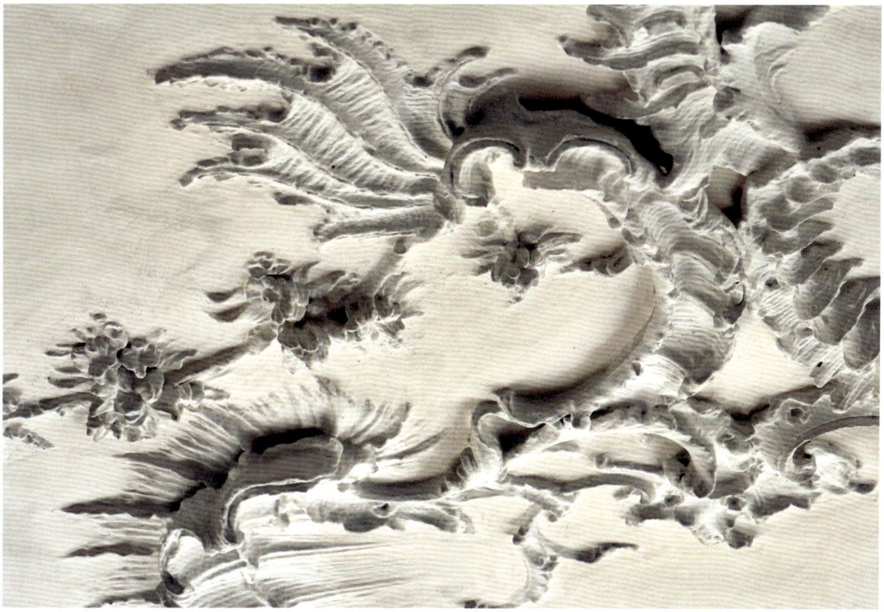

faltiges Rankenleben entlässt, ist schmalseitig kräftezehrend und erschlafft auf den Boden der Voutenwölbung niedergesunken und im Begriff zugrunde zu gehen.

Jede Längsseiten-Mittelkartusche ist Ausstrahlungszentrum eines symmetrischen Friesaufbaus, der zugleich alle Regeln der Symmetrie in Frage stellt. Von der Kartusche schwingt ein großes Blasenornament nach rechts empor, während ein Blütenzweig nach links hinaufrankt. Wo die Blasenbildung ihr Gewicht nach unten hin ausdehnt, versprüht der Blütenzweig seine Kraft nach oben. So wird das Ungleichgewicht zum Gleichgewicht, die Asymmetrie zur Symmetrie. In seinen letzten Ausläufern und Ausstrahlungen schließt dieses vom Wandzentrum ausschwingende Friesornament an die Zier-Gebälke mit Drachen an. Das in Gestalt der Blasen- und Blütenranke kraftvoll nach beiden Seiten ausgreifende Kartuschenornament im Zentrum der Längswand, das wie der Korpus eines Meereskrebses in der Mitte seiner Greifzangenarme sitzt, erfährt im Emporgleiten der Zier-Gebälke sein finales Echo und verleiht dadurch den Drachen die notwendige Flugkraft, um die Blütengirlanden der Eckkartuschen zu erhaschen. Die Schmalseite ist nun die komplette Umkehrung des Längswandprinzips. Alles Expansive, alles Ausgreifend-Aufschwingende, alles Zentrifugale ist hier Zuspitzung, Schließung und Einmündung in die S-Ranke, welche das abgesunkene, kartuschenartige Mittelmotiv bekrönt und im Süden zudem – auf erlesenste Art und Weise – ein kleines Wappen von Oberzell freisetzt. Zwar kennen auch die Längswandkartuschen die S-förmige Zuspitzung, doch wegen umgebender Ranken nur in besonders relativierter Form. Hier auf der Schmalwand aber ist die S-Kurve das dominante Motiv, in dem sich aller Kartuschenverfall sichtbar zusammenzieht. Vermittels der Farnranken auf den Zier-Gebälken zerrt

△ Zimmer der Naturkräfte, Relief einer Eckkartusche

◁ Zimmer der Naturkräfte, Drache auf Ziergebälk mit Blütengirlande der Eckkartusche

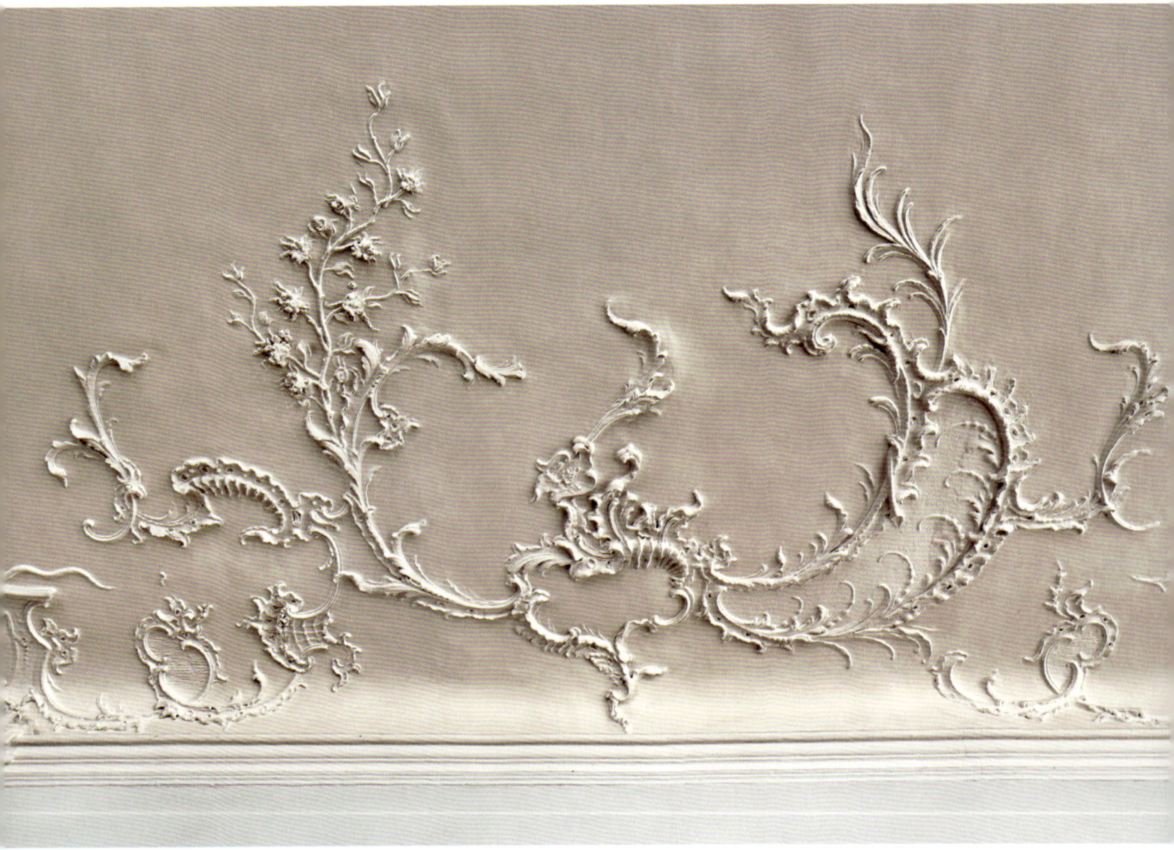

dieses Kartuschensinken der Schmalwandmitte auch an Girlanden und Eckkartuschen, die sich in ihren ausgebauchten Stachel-Rippen-Spangen sichtlich angezogen zeigen. Aber gerade diese stachelige Widerspenstigkeit der am weitesten zur Schmalwand ausgedehnten großen Spangen und ihr nachdrückliches Verkralltsein in die Dekkenfläche machen die Gegenwehr möglich. So widerstreben die Eckkartuschen bei aller Betroffenheit doch dem Verfall des Schmalwandfrieses und koppeln ihn vermittels der eigenen organischen Körperspannung, die letztlich im Membranpotential der Deckenfläche aufgefangen ist, an den elastischen Aufschwung des Längswandfrieses. Dadurch gerät das gesamte umlaufende System in eine lebendig pulsierende Schwingung um die Deckenmitte herum.

Dort also, wo die Drachenlosigkeit der Schmalwände den Abstraktionsgrad vom Lebendigen gefährlich erhöhte, wo also alles nurmehr vom zerfallenden Rest des Lebens in Fragmentierung zu existieren vermochte, da setzte die Längswand organisch geschlossene Formen dagegen, sei es in Gestalt der Kartusche, der Blase, des blühenden Zweiges oder des Drachens. Die Eckkartuschen aber vereinigen beides ins sich, das Halb-Lebendige tierisch-pflanzlicher Fragmente, das doch zugleich erstaunlich glaubwürdig und organisch ineinander übergeht und besteht.

△ Zimmer der Naturkräfte, Zentralmotiv der Längswand

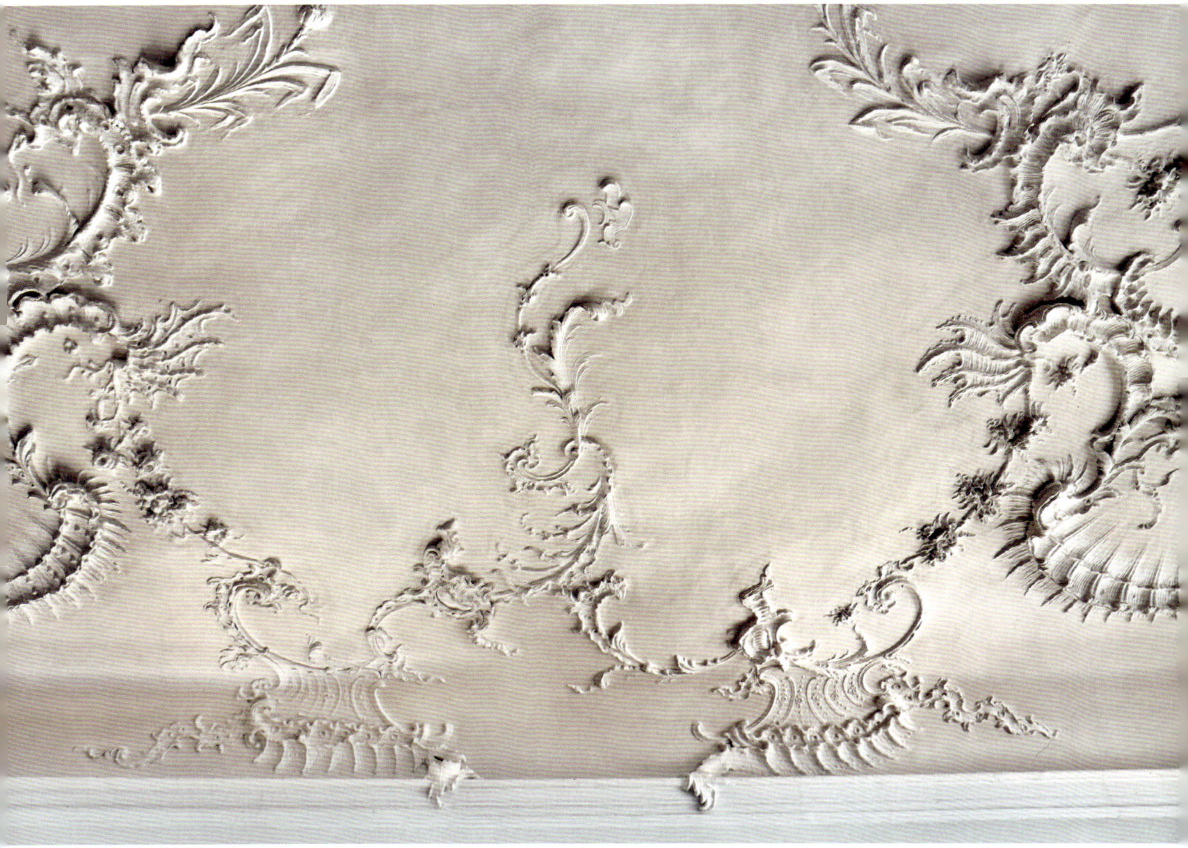

So ist auch die große, bauchig W-förmige Negativform, welche der Fries zusammen mit den Eckkartuschen aus der Schmalwanddecke herausschält, nur die monumentale Umsetzung dessen, was die Kartusche mit ihren beiden ausgreifenden Armen auf der Längswand prall gebündelt im Engeren umfasst, d. h. eine nach oben hin offene Zweikammerform, die sich zur Deckenmitte ergießt. Dabei ist die engere W-Form auf der Längswand von einer weiteren umgeben. Die große Form ergibt sich hier aus Drachen und Bekrönungs-Halmen der Eckkartuschen. Leitmotivisch birgt sich dadurch Gestalt in Gestalt, wird die Hülle zu ihrem Keim und der Keim zum Grund der Entfaltung. Es wogt die umlaufende Fries- und Eckkartuschen-Komposition in einem aufgeregt belebten Reigen zur flächigen Offenheit des gesamten Deckenhimmels hinaus, dessen unergründliche Tiefe sich dank der Gesamtkomposition selbst als Organismus, als weichblättrige Blüte von innen her zu den Raumrändern entfaltet. Aus dieser Deckenblüte des Zimmers löst sich nun die fein gestaltete Wappenkartusche Oberzells im Süden. Haftete sie noch vor Kurzem am Blütenstengel, so hat sie sich unterdessen als wolkiger Flugsamen in die flache Höhe des freien Deckenhimmels gehoben, um als Botin des *genius loci* einem anderen Ort Gedeihen und Frucht zu bringen.

△ Zimmer der Naturkräfte, Zentralmotiv der Schmalwand

22 Wir beziehen uns dabei auf Kestler, ABTEI OBERZELL 1856, S. 103 sowie auf die im Archiv der Kongregation der Dienerinnen der hl. Kindheit Jesu in Kloster Oberzell aufbewahrten »*Grundpläne von Oberzell, welche im J. 1817 bei dem Ankauf von Friedrich König nach London geschickt wurden*«.

23 Der Maini-Trupp, mit dem Bossi vermutlich nach Ottobeuren kam, hatte eine besondere Vorliebe für die Kombination von Figuren, Tieren, Masken, Fabel- und Halbwesen, vgl. Dischinger et al., BAROCKE BILDWELT 2014.

24 *Drache*, in: *Grosses vollständiges Universal-Lexicon aller Wissenschaften und Künste etc.*, Johann Heinrich Zedler (Hrsg.), Halle / Leipzig, 1731–1754, Bd. 7 (1734), Sp. 1374, S. 712.

25 *Dragon*, in : *Encyclopédie, ou Dictionnaire raisonné des sciences, des arts et des métiers*, Diderot, Denis/d'Alembert, Jean Le Rond (Hrsg.), Paris 1751–1772, Bd. 5 (1755), S. 103–104.

26 Vgl. hierzu Loschert, Oswald (OPraem): *Vorgängiger Versuch zur Erwirkung eines Vertrages zwischen den in dem bisherigen Hexenkriege verwickelten Gelehrten, etc.*, Würzburg 1767, insbes. Abs. 25 auf S. 20–21, wo der Verf. die Aufklärung von der »*Weltweisheit selbst als unkräftig verworfen*« sieht; Behringer, Wolfgang: *Der »Bayerische Hexenkrieg«. Die Debatte am Ende der Hexenprozesse in Deutschland*, in: Das Ende der Hexenverfolgung, Lorenz, Sönke/Bauer, Dieter (Hrsg.), Stuttgart 1995, S. 287–313.

27 Niehr, Herbert: *Drache*, in: LThK Bd. 3 (1995), Sp. 357f.

28 Wobei die vierbeinige Schlange der Genesis mit den schöpfungsmythischen Gestalten Leviathan (weiblich) und Behemoth (männlich) verquickt wird (Bossi unterscheidet männliche und weibliche Drachen), vgl. Tubach, Jürgen: *Schlangen und Drachen in Mythos und Sage*, in: Schlangenbiss und Drachenblut. Gut und Böse in Kunst und Kulturen, in: Schlangen und Drachen. Kunst und Natur, Katalog zur gleichnamigen Ausstellung des Staatlichen Naturhistorischen Museums Braunschweig und des Herzog Anton Ulrich-Museums, Braunschweig vom 11. Oktober 2007 bis zum 27. Januar 2008, Ulrich Joger / Jochen Luckhardt (Hrsg.), Darmstadt 2007, S. 11–27, hier insbes. S. 11–13; Niehr, LThK Bd. 3 (1995), Sp. 358.

DIE ABTSKAPELLE UND DAS »ZIMMER DER BLÜTENKINDER«

Dringt der Besucher weiter in das Hauptgeschoss des Abteisüdflügels nach Osten vor, gelangt er – die südliche Abteistiege passierend – an ein schmiedeeisernes Ziergitter mit Portal und sprechendem Wappen des Oswald Loschert.[29] Es markiert den Zugang zur ehemaligen Wohnung des Abtes, über deren ursprünglichen Aufbau und Funktion nur wenig bekannt ist. Der Plan von 1817 ist gerade in Bezug auf diese Raumsuite lückenhaft.[30] Spätere Umbauten verunklären die Situation zusätzlich. Das kleine Zimmer im Westen der Flucht liegt außerhalb der Suite und gehörte wohl dem Kammerdiener.[31] Der östlich benachbarte, ebenso kleine Raum, heute dem erstgenannten zugeschlagen, könnte die Bettnische des Abtes beherbergt haben.[32] Es schließt sich das erste größere Zimmer an, dessen Stuck zwar der Werkstatt Bossis zuzuordnen ist, nicht jedoch ihrem Meister. Der folgende, zweite Raum zeigt sich heute unstuckiert. Er ist, wie alle Räume der Suite, nach dem System der barocken Enfilade angeschlossen. Ihm folgt die ehemalige Abtskapelle, deren Deckenstuck Bossis Entwurf entstammen dürfte.

Als intimes Herzstück der Suite diente der kleine Andachtsraum wohl vornehmlich privatem Gebrauch des Abtes, wurde aber erlesenen Gästen sicherlich nicht vorenthalten. Bossi geht bei der Gestaltung der Voutendecke des Sakralraumes so einfühlsam wie ausdrucksstark vor. Er setzt ein umlaufendes, feines Stabprofil in die Oberkante der Voutenwölbung und macht sie so zum plastischen Rahmen eines stuckierten Deckenbildes, in dem sich vier fröhliche Engel samt Abts-Pontifikalien um das strahlende Auge Gottes scharen. Das Stabprofil ist an jeder Wandmitte von einer Kartuschen-Agraffe besetzt, wobei deren Typ nach Längs- und Schmalseite unterschieden wird. Diesen Agraffen entwachsen symmetrisch Ranken und Blütentriebe entlang des Stabs. In den Ecken der Voute sitzen beschildete Rocaille-Kartuschen, welche eine spannungsvolle Interaktion mit dem Stabprofil eingehen. Das von den Wänden aus der Deckenmitte zustrebende Drängen der Eckkartuschen stößt im rigiden Verlauf des Stabprofils auf seinen entschiedensten Kontrahenten. Ein wildes Ringen zwischen Kartuschen-Drang und Stabprofil-Abschluss beginnt sich im Berührungsmoment zu entfalten, bei dem keiner und alle die Sieger sind. Zwar dringt das aufgeregte Ranken der Eckkartuschen in das Stabprofil hinein und verändert dessen starren Verlauf zugunsten arabesk-gemilderter Rankenbewegung, doch aufgebrochen wird der Rahmen dadurch nicht. Das umlaufend sich abschließende Stabprofil bleibt auch in rankender Gestalt intakt und scheidet – zusammen mit dem Gebälk – die Voute als Trennzone zwischen waagrecht liegendem Stuckdeckenbild und senkrecht stehenden Wänden aus. Durch die Nutzung der Voute als Bilderrahmen seines Deckenbildes mit Engeln und Gottesauge gelingt es Bossi, die Bindung der konfliktvoll aufeinandertreffenden Architektur-Grundkräfte, d. h. das vertikale Stützen der Wände und das horizontale Lasten der Decke, im stuckierten Zusammenspiel als ein Geben und Nehmen anschaulich und dadurch nachvollziehbar werden zu lassen.

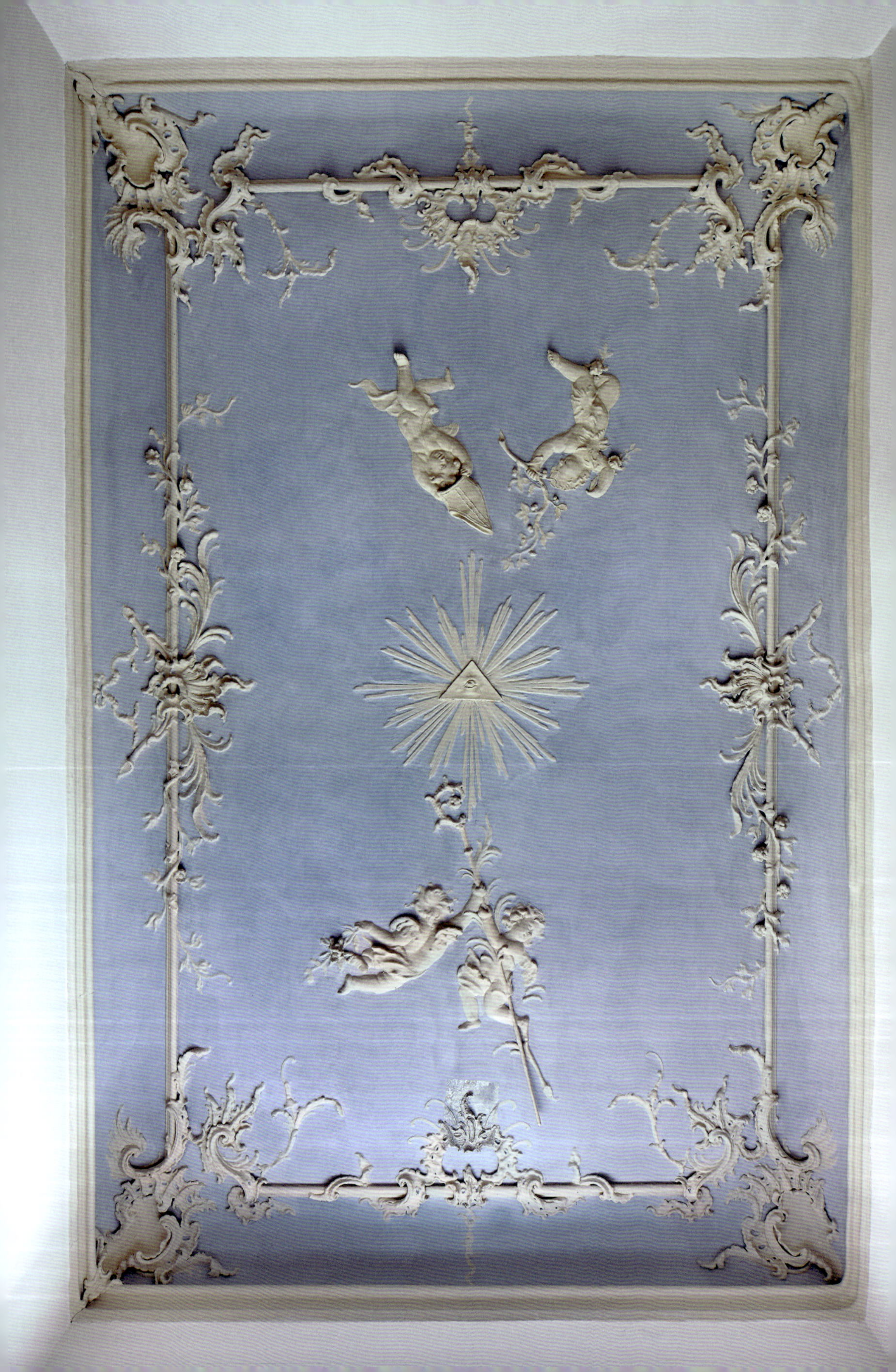

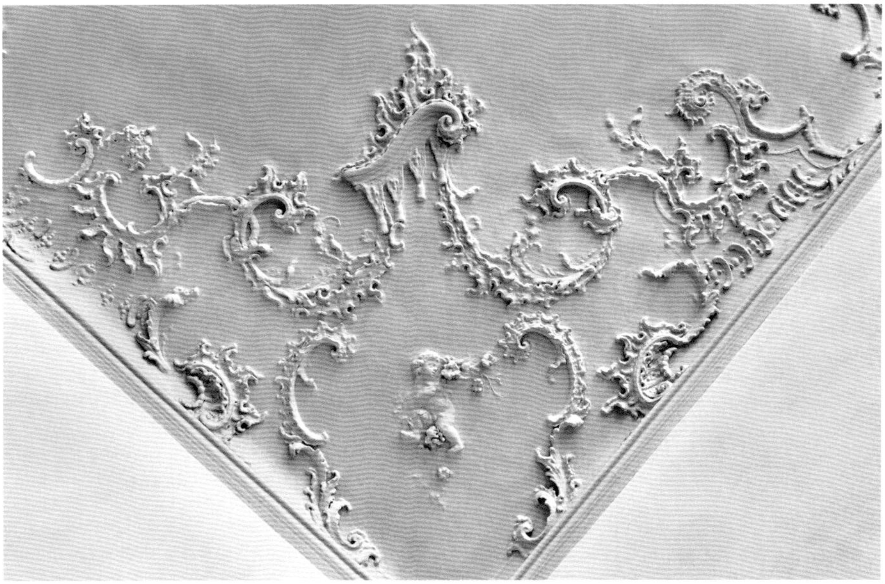

Der Stuckateur verdichtet diesen architektonischen Grundgegensatz in der Geschichte seines Deckenbildes noch weiter. Vier Engel, gruppiert zu zwei Paaren, haben sich von den Schmalseiten aus erhoben, um dem aus der Deckenmitte herausstrahlenden Gottesauge zuzufliegen.[33] Um dem Höchsten zu huldigen, aber auch um seinen Segen auf Oberzell herabzuziehen, haben sich die Engel mit den Pontifikalien, also den Amtswürdezeichen des Abtes, ausgestattet und präsentieren diese freudig der göttlichen Ausstrahlung. Jede Engelsgruppe besitzt ein solches Würdezeichen und schmückt es mit theologisch bedeutsamen Zweigen und Blüten. Die vom Süden herauffliegende Gruppe trägt Hirtenstab, Palmwedel und Blütengirlanden, die Nordgruppe dagegen Mitra, Blütengirlande und Ölzweig. Die symmetrische Anordnung seiner Engelsgruppen belebt Bossi, indem er das Südpaar dezent nach Osten, die Nordgruppe vorsichtig nach Westen aus der Achse rückt. Zusammengesehen ergibt diese Verrückung den Eindruck der Rotation um das Gottesauge, aus bloßer Darstellung wird visuelles Geschehen. Auch in das Gleichmaß der zwiefachen Zweizahl der Engelspaare baut Bossi nun Ungleichmäßigkeiten ein. So sind die Nordengel einander zwar zugeneigt, berühren sich aber nicht. Die Südengel dagegen haben Körperkontakt, biegen ihre Körper jedoch voneinander fort. Während die nördliche Gruppe sich mehrheitlich frontal präsentiert, zeigt die südliche viel Rückenansicht, vor allem der östliche Engel blickt ganz und gar in die Tiefe der flachen Decke hinein.[34] Die Unwucht in diesem Gleichgewicht erklärt sich aus dem freudigen Übermut der Engel im Angesicht Gottes. Wo die Nordengel mit der leicht greifbaren, kleinen Abtsmitra ganz gut zurechtkommen, gestaltet sich das Balancieren des sperrig-langen Hirtenstabes in der Südgruppe deutlich schwieriger. Mochte es auch das Ziel gewesen sein, so nahe wie möglich an die segnenden Gottesstrahlen heranzugelangen, im unbeholfenen Hantieren haben die Südengel den Stab dennoch allzu ungestüm in ein Strahlenbündel hineingewuchtet und bekommen nun dessen ganze Macht zu spüren. Ein Ruck

△ Zimmer der Blütenkinder, Eckkartusche

◁ Ehem. Abtskapelle, Gesamtansicht der Voutendecke

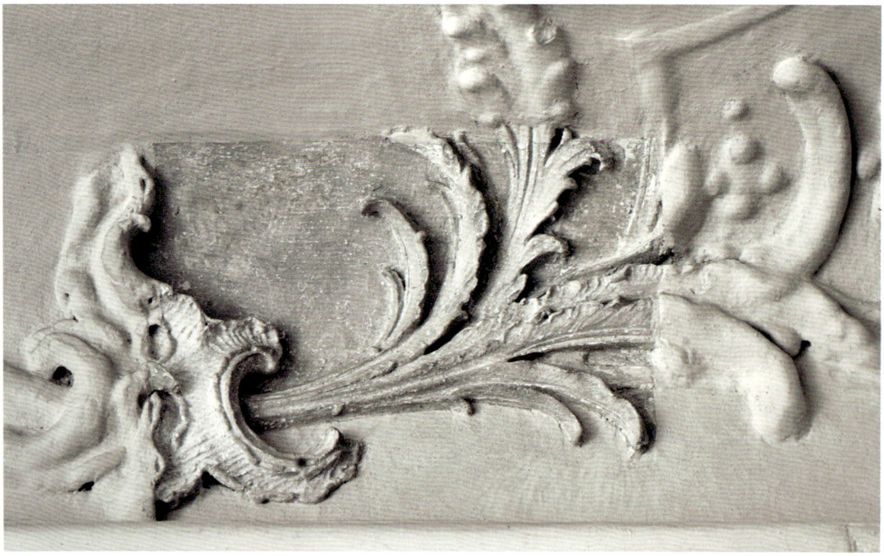

geht durch die Gruppe. Nach dem Gesetz der Trägheitskraft wirft es den östlichen Engel, der sich nur noch mit einer Hand am Stab halten kann, weit nach Osten hinüber und – zum Erstaunen von Westengel und Betrachter – löst sich die untere Partie des Abtsstabes aus der Bindung an die Deckenfläche. Plastisch geworden provoziert der fallende Stab nicht nur unseren Reflex, sondern auch denjenigen Gottes. Selbst durch seinen Leib aus Strahlen, Dreieck und Auge geht ein Zucken. Während die Engel nach Osten ausschweifen und sich der Abtsstab von der Decke löst, schreckt sein aus der Deckenmitte herausstrebender Blick auf und wendet sich suchend nach der Deckenfläche um. Alles an diesem Auge drängt eigentlich plastisch konzentriert zum Blicken aus der Deckenfläche heraus und doch hat gerade der Zusammenstoß mit Südengeln und Stab dazu geführt, dass es vom Herausblicken ab- und in ein Zurücksuchen nach der Deckenfläche umgelenkt wurde. Während der Abtsstab zu fallen und die Engel restlos aus ihrem Lot zu fliegen drohen, sieht das Gottesauge in jene Lücke der Deckenfläche zurück, die in der sachten Rotation der Mitra-Engelsgruppe so unauffällig entstanden war. Was dort noch luftig spielerisch als unverfängliche Verschiebung der Achse begann, entpuppte sich in der Kollision des Hirtenstabes als derart gefährlich für alles Gleichgewicht, dass nur noch göttliche Einsicht in die unermessliche Tiefe eigner, flacher Grundlage Ausgleich und Halt schaffen konnte.

△ Zimmer der Blütenkinder, Testweise freigelegte Originalsubstanz

Östlich der Abtskapelle öffnet sich dem Besucher ein repräsentatives Zimmer, dessen Voutendecke ebenfalls auf Bossis Geist hindeutet. Seine Bestimmung ist nicht näher bekannt, so dass die vier Blütenkinder in den Eckkartuschen der Deckenstuckierung als Namensgeber herangezogen werden. Die hohe Qualität des Stucks ist heute, nach unzähligen späteren Farbanstrichen, leider nur noch zu erahnen. Gewisse Motive, die für diesen Raum charakteristisch sind, kehren auch in Bossis ungefähr gleichzeitig entstandener Deckenstuckierung des Hauptsaales von Schloss Veitshöchheim wieder. Das bestätigt die Annahme, dass wir es mit einem kunsthistorisch bedeutsamen Objekt zu tun haben, dessen restauratorische Wiederherstellung eine erstrangige Verpflichtung der lokalen Denkmalpflege darstellen muss. Ob die vier Putten mit Blütenzweigen eine bestimmte Vierheit repräsentieren und falls ja, welche, dies kann beim gegenwärtigen Zustand nicht beantwortet werden. Fakt ist jedoch, dass der Künstler sozusagen leitmotivisch vorging, als er jeder Eckkartusche ein nacktes Kind mit blühenden Zweigen einverleibte und dabei sowohl die Blütenart als auch die Beziehungen der Kinder zu ihren Blüten variierte. In diesem Kontext ist nicht nur interessant, wie der Stuckateur seine Eckkartuschen als bedeutendes Motiv herausarbeitet und dabei doch folgerichtig und spannungsreich in das umlaufende Ornamentsystem einflicht. Vielmehr ist schon der Aufbau einer jeden Eckkartusche von besonderer Aussagekraft. Im Grunde besteht ihr diagonales Hervorwachsen in Richtung Deckenmitte aus drei eigenen Ornamentebenen. Das Motiv beginnt zunächst ganz sachte in der Ecke als zurückhaltendes Bandelwerk. Daran schließt sich in zweiter Ebene, bereits deutlich stärker aus der Ecke herauswachsend und plastischer aus der Wand tretend ein vegetabil-tierisches und in sich selbst zweiteiliges Rankenmotiv nach Rokokomanier. Dieses umfängt im Wesentlichen die Blütenputten. Die dritte Ebene bringt in einem opulenten Baldachinmotiv, dessen weit ausgreifende Rankenschwünge in einem kurvierten, Lambrequin-geschmückten und Blätter-Ranken-bekrönten Gebälkstück zusammenkommen, die letztmögliche Steigerung der Kartusche sowohl was die Plastizität als auch die Ausdehnung angeht. Dabei ist auffällig, dass die drei genannten Ebenen nirgends Berührungsmomente, sondern lediglich große Nähe aufweisen. Die drei sehr unterschiedlichen Ornamentebenen bleiben integer und bilden dennoch den Kartuschenrahmen für die Blütenkinder gemeinsam aus. Eine Variation dieses Systems erhält jene Raumecke, die den ehemaligen Ofen beherbergte. Sie schiebt ein schräges Wandstück hervor, das bis in die Decke hinein eine Eckzuspitzung verhindert und den verfügbaren Platz für das Ornament verkürzt. Bossi reagiert auf diese architektonische Abweichung mit einer Sonderlösung. An die Stelle des Bandelwerks treten plastische Rocaille-Ranken, welche die Hervorrückung des Ofenwandstücks umgreifen und festhalten. Der zusätzlichen Plastizität des schrägen Ofenwandstücks antwortet die gesteigerte Körperlichkeit der Eckkartusche.

Die stuckierte Deckenrosette des Zimmers weist u. a. das Motiv eines Flügelpaares auf, vielleicht eine Hommage an die geflügelte Helmzier des Loschert-Wappens. Interessant ist, dass die Flügel nicht flugbereit symmetrisch, sondern doppelt gespiegelt zueinanderstehen. Dadurch verkörpern sie im engeren Sinne jene vitale und dynamische Rotation um die Deckenmitte, welche die gesamte Dekoration des Raumes kennzeichnet.

29 Vgl. Kestler, ABTEI OBERZELL 1856, S. 104.

30 Wie Anm. 22.

31 Vgl. Kestler, ABTEI OBERZELL 1856, S. 103 sowie den Plan von 1817 (wie Anm. 22).

32 So ist dies zumindest in der unmittelbar darüberliegenden, ähnlich dimensionierten Suite laut dem Plan von 1817 (wie Anm. 22) der Fall gewesen. Die Türe der Südwand des möglichen Bettnischen-Raums der Abtswohnung könnte aus der abgebrochenen Südwand des Kammerdiener-Zimmers stammen, so dass die Wandsituation heute nicht mehr dem Ursprungsbestand entspricht. Eine ähnliche Situation gibt es im Stock direkt darüber, wo die alte Tür vermutlich aus der heute verschlossenen Enfilade genommen ist.

33 Das *Auge Gottes* bezieht sich auf die alttestamentarische Überlieferung zur Altarweihe des Salomonischen Tempels. Salomon empfing die bestätigenden Worte Gottes im Traum: »*Jetzt werden meine Augen offen und meine Ohren aufmerksam sein auf das Gebet an dieser Stätte* [...]«, vgl. 2. *Chronik* 7, v. a. Abs. 15–16.

34 Es ist seit Ottobeuren ein Charakteristikum der Kunst Bossis, im Bas-Relief kühne Ansichten von Figuren und ihren Häuptern zu wagen. Der in die Flachheit der Decke tief eingesenkte Blick gehört zu den noch immer völlig unterschätzten Ausdrucksmitteln des Meisters.

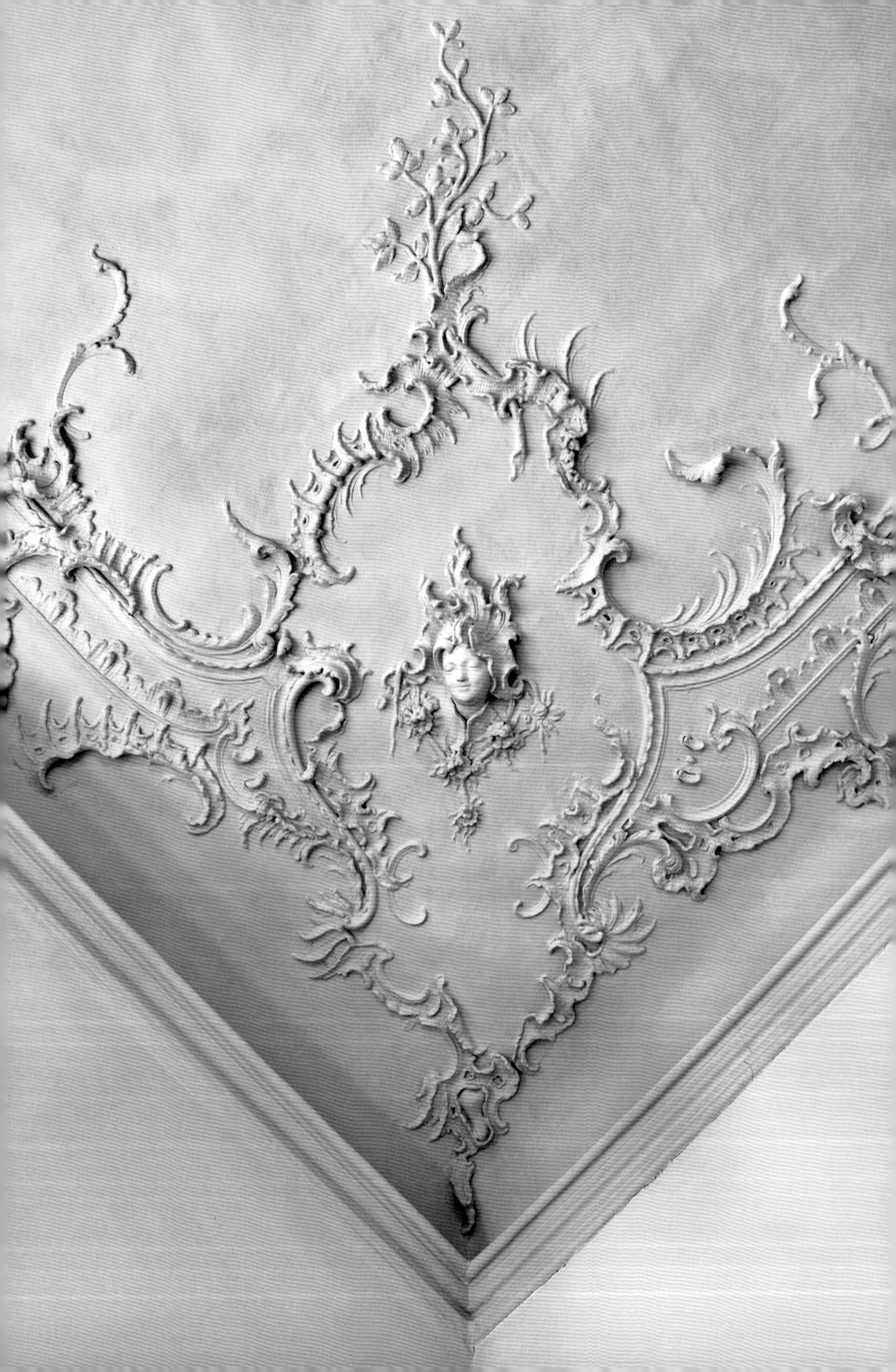

DAS »ZIMMER VON WACHEN UND TRÄUMEN«

In der zweiten Etage des Südflügels, direkt über der Wohnung des Abtes, befand sich eine weitere Raumfolge von vergleichbaren Dimensionen und ähnlicher Zimmerabfolge. Hier logierten vermutlich hochrangige Gäste des Stiftes.[35] Der einzige von drei erhaltenen Räumen mit Rokoko-Stuck, der sich Bossi zuweisen lässt, befindet sich direkt über dem »Zimmer der Blütenkinder«. Qualität und Erhaltungszustand sind vorzüglich. Eine jede der vier Eckkartuschen birgt in ihrem Kern eine Kinderbüste von erstaunlicher Lebensnähe. Dieser Typus, der in seiner starken Ausdruckskraft das Portraithafte streift, kehrt in Bossis Werk öfters wieder.

Hier in Oberzell stehen sich zwei männliche und zwei weibliche Kinderbüsten gegenüber. Die Geschlechterpaare verbinden sich diagonal über die Deckenmitte. Die Buben zeigen sich kindlich, die Mädchen dagegen adoleszent. Bossi hat den Augen seiner Gesichter weder Iris noch Pupillen eingeritzt, so dass wir bezüglich Schlaf- bzw. Wachzustand der Figuren im Unklaren bleiben. Grundsätzlich stehen die Knaben dem Wachsein näher als die Mädchen. Nicht nur der Ausdruck der Augen macht diesen Unterschied sichtbar. Auch die Mundpartien tragen zur Differenzierung bei, sind sie doch bei den Jungen geöffnet, bei den Mädchen dagegen geschlossen. Zudem bleiben jene Blütenzweige, welche in die Spitzen der Eckkartuschen eingesteckt sind, für die versonnenen Mädchen verschlossen blütenlos, erblühen jedoch umso freimütiger für die aufgeweckten Knaben. Zum Ausgleich aber beschließt Bossi die Büste seiner Buben nach unten hin mit einem schlicht-abstrakten, ruhigen und wenig ausgreifenden Ranken-Bandelwerk-Ornament. Die weiblichen Figuren dagegen erhalten aufwendige Abschlüsse. Sie bestehen aus einem Kragen, der ebenso gut ein Textil wie ein gewachsenes Naturmaterial darstellen könnte. Hinzukommt eine gebundene Blütengirlande. Vergleichbares gilt für den Kopfschmuck, der einen eigentümlich reizvollen Zustand zwischen Kleidungsstück, Naturgewächs und Haartracht einnimmt. Den Häuptern der Mädchen entwindet sich ein zackig-flackernder, weit in verschiedene Richtung ausgreifender Schmuck. Die Bubenköpfe dagegen tragen muschelige Hauben von stärker geschlossenem Umriss. Während die Gesichter der Knaben also offener, wacher und auf naivere Art und Weise unbefangen erscheinen, werden ihre Gesichter dagegen von Büstenornament und Kopfschmuck beruhigend und befestigend umschlossen. Umgekehrt ist die gemessenere Reife der nachsinnend ruhenden Mädchenhäupter Ausgangspunkt für eine von innen her sich befreiende Lebendigkeit und Agilität im Erblühen des Büstenabschlusses und dem unbändig-lodernden Wachstum des Kopfschmucks. Vergleichen wir nun die

◁ Zimmer von Wachen und Träumen, Südwestliche Eckkartusche

beiden Individuen eines solchen Geschlechterpaares, so kreuzt sich dieser Gegensatz in die jeweiligen Gruppen hinein. Denn nicht nur zwischen Jungen und Mädchen, auch bei den Jungen selbst lässt sich der Wachere auf der Gangseite vom Ruhigeren beim Fenster unterscheiden. Der Kopf des Wacheren weist eine leichte Kopfwendung auf, die dem Ruhigeren fehlt. Auch Kopfschmuck und Büstenabschluss werden – bei grundsätzlicher Gleichheit – an dieser Unterscheidung beteiligt. Die Mädchen zeigen eine ähnliche Differenzierung. Fensterseitig erkennen wir weniger Kopfwendung als auf Seiten des Gangs. Zudem sind Büstenabschluss und Kopfschmuck gangseitig wesentlich freier und lockerer bewegt als dies bei der Ruhigeren am Fenster der Fall ist. Wenn also die Mädchen im Vergleich zu den Buben die ruhenden Figuren repräsentieren, dann erkennt man doch darin zugleich zwei völlig verschiedene Arten des Ruhens, nämlich das wachere und das weniger erweckte. Es lässt sich dabei nicht exakt bestimmen, ob die agiler Ruhende der Gangseite tiefer schläft, weil sie intensiver träumt, oder ob sie bereits im Begriff ist sich wachzuräkeln. Umgekehrt kann der Schlaf der Fensterseitigen der tiefere sein, da sie viel nachhaltiger in den Schlummer verloren zu sein scheint. Doch diese große Ruhe deutet immerhin auf eine starke Ausgeruhtheit hin, der ein tagträumendes Nickerchen bei grundlegender Wachheit durchaus genügen könnte. All diese Unsicherheit und Gleichzeitigkeit bei der Zuweisung des Schlafzustandes rührt letztlich aus dem Vergleich mit der ambivalenten Wachheit der Knaben, die ja ihrerseits zwei Zustände des Gleichen verkörpern. Beginnt der Schlummrig-Wache fensterseitig einzunicken, während der gangseitig Muntere soeben erwacht? Oder tagträumt der Ermunterte beim Gang besonders intensiv dasjenige, was der noch leicht schlaftrunken Frischerwachte in aller Ausgeruhtheit gerade hinter sich gelassen hat? Wo ist hier noch ein Unterschied, wo sich doch beide Arten des Knabenwachens nur im Spiegel der schlafenden Mädchen verstehen lassen. So macht Bossi gerade im Vergleich zu den weiblichen Gesichtern deutlich, dass alles Wachen nur im Herkommen vom und in Hinführung zum Schlaf entfaltet wird, d. h. im Sinne von Ermunterung und Entschlummern. So gilt auch für die Mädchen, dass Traum und Wirklichkeit sich – dank ihrer Buben – gegenseitig bedingen. Innerstes Traumerlebnis, wie es auf der Gangseite anschaulich wird, ist im Moment seines geradezu handelnd-agierenden Ausdrucks hellwache Wirklichkeit geworden und als erwachte Einsicht zu voller Besonnenheit in der am Fenster Sinnenden verinnerlicht. Deshalb haben wir den Raum das »Zimmer von Wachen und Träumen« genannt.

Die Eckkartuschen, die diese Kinderbüsten in sich tragen, sind in einem der Voute entlang umlaufendem System miteinander verknüpft. Diesen primären Kartuschen gesellen sich auf den Wandmitten vier sekundäre Kartuschen vermittelnd hinzu. Bossi bildet dabei innerhalb der sekundären Vierergruppe einander gegenüberliegende Paare, also reine Rankenkartuschen in Nord und Süd und Rankenkartuschen mit Drachenpaar in Osten und Westen. Die Drachenpaar-Kartuschen bestechen durch die unerwartet packende Geschichte, die sie erzählen. Bossi macht unmissverständlich, dass die Rankenornamente, und damit auch die Kartusche, der faktische Lebensraum der Drachen sind. Wie Hekke und Gesträuch dient dieses Ornament den Tieren zu Landung, Fortbewegung und Austausch. Jedes Drachenpaar bezieht sich dabei ganz individuell aufeinander und bedarf dafür der Vermittlung durch die dazwischenliegende Kartusche. Bossis Drachen – ebenso entfernte wie verspielte Erinnerungen an das urtümliche Naturchaos –[36] verhalten sich stets eigensinnig und streitbar. Mindestens ein Drache pro Gruppe hat sich aufgeregt flügelflatternd nach dem anderen umgedreht und das Maul zum erbosten Schrei geöffnet.

▷ Zimmer von Wachen und Träumen, Südwestliche Mädchenbüste

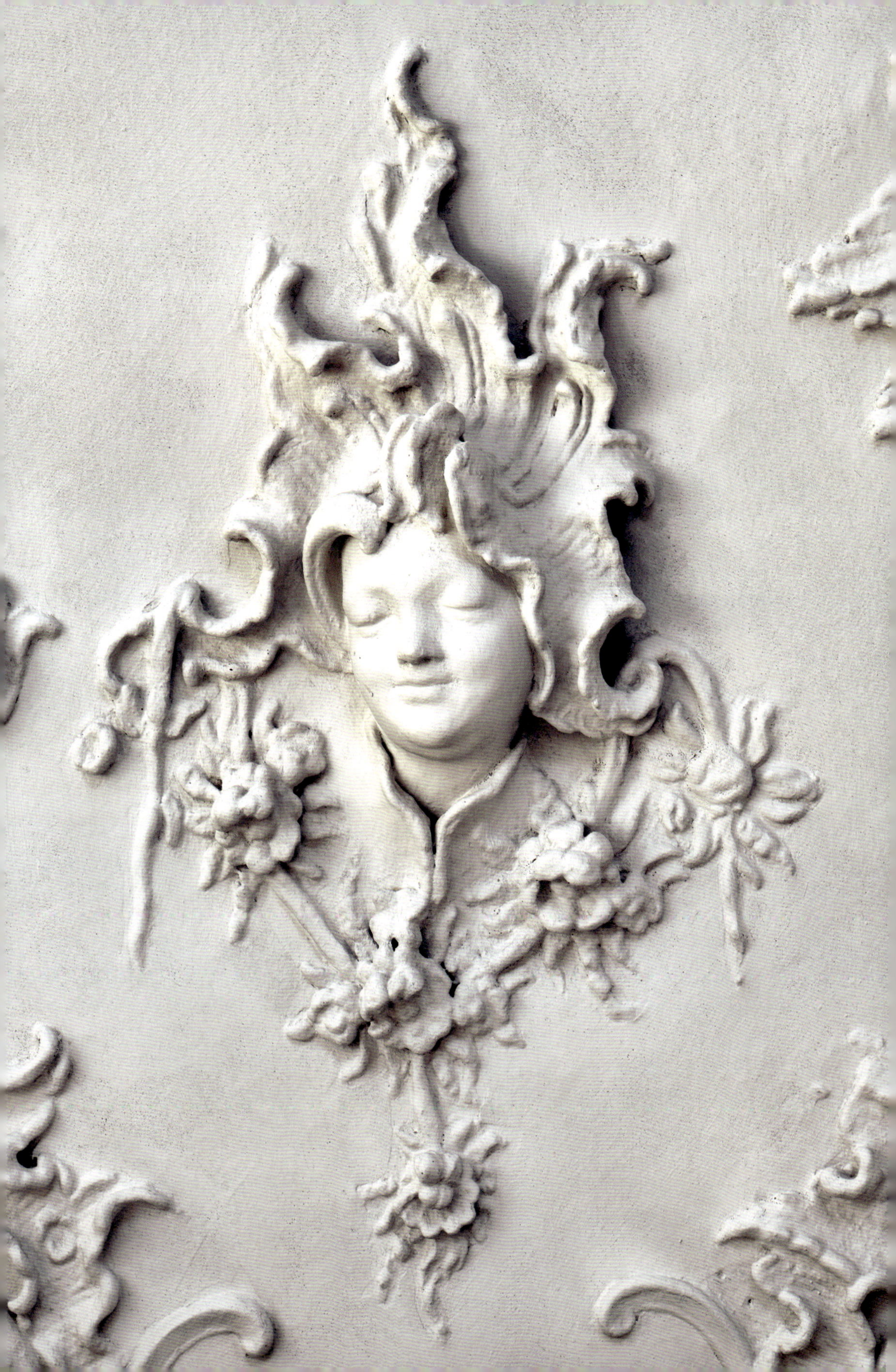

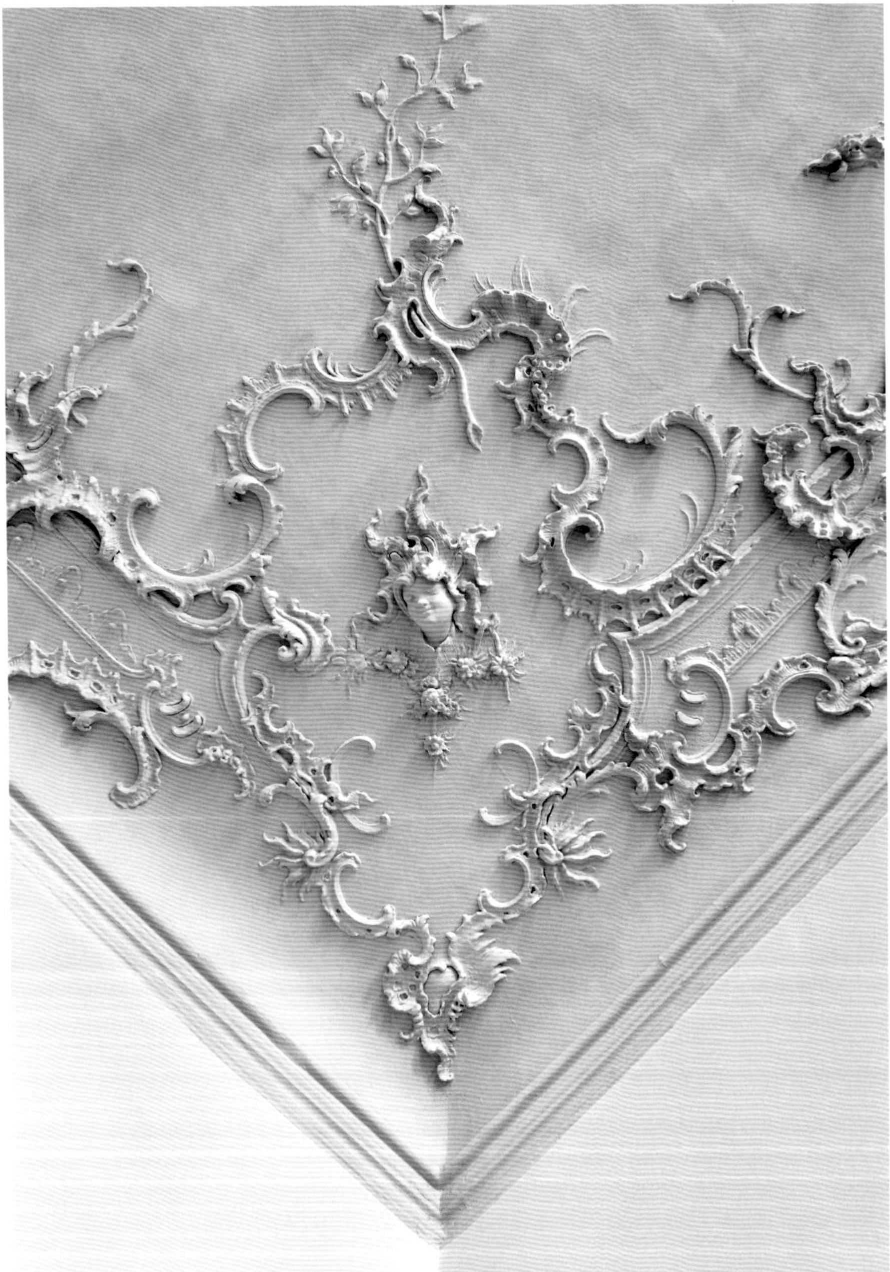

△ Zimmer von Wachen und Träumen, Nordöstliche Eckkartusche

▷ Zimmer von Wachen und Träumen, Nordöstliche Mädchenbüste

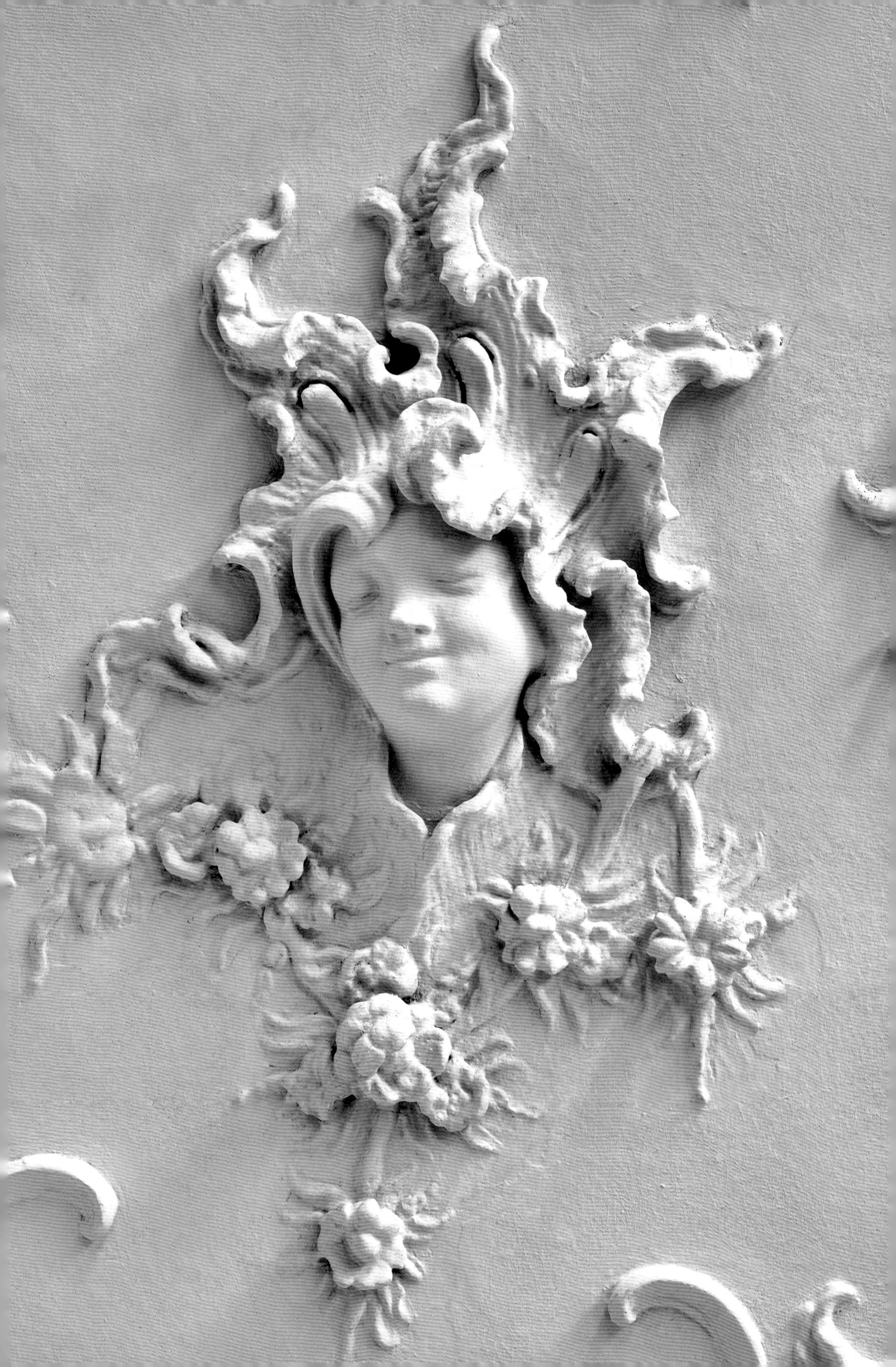

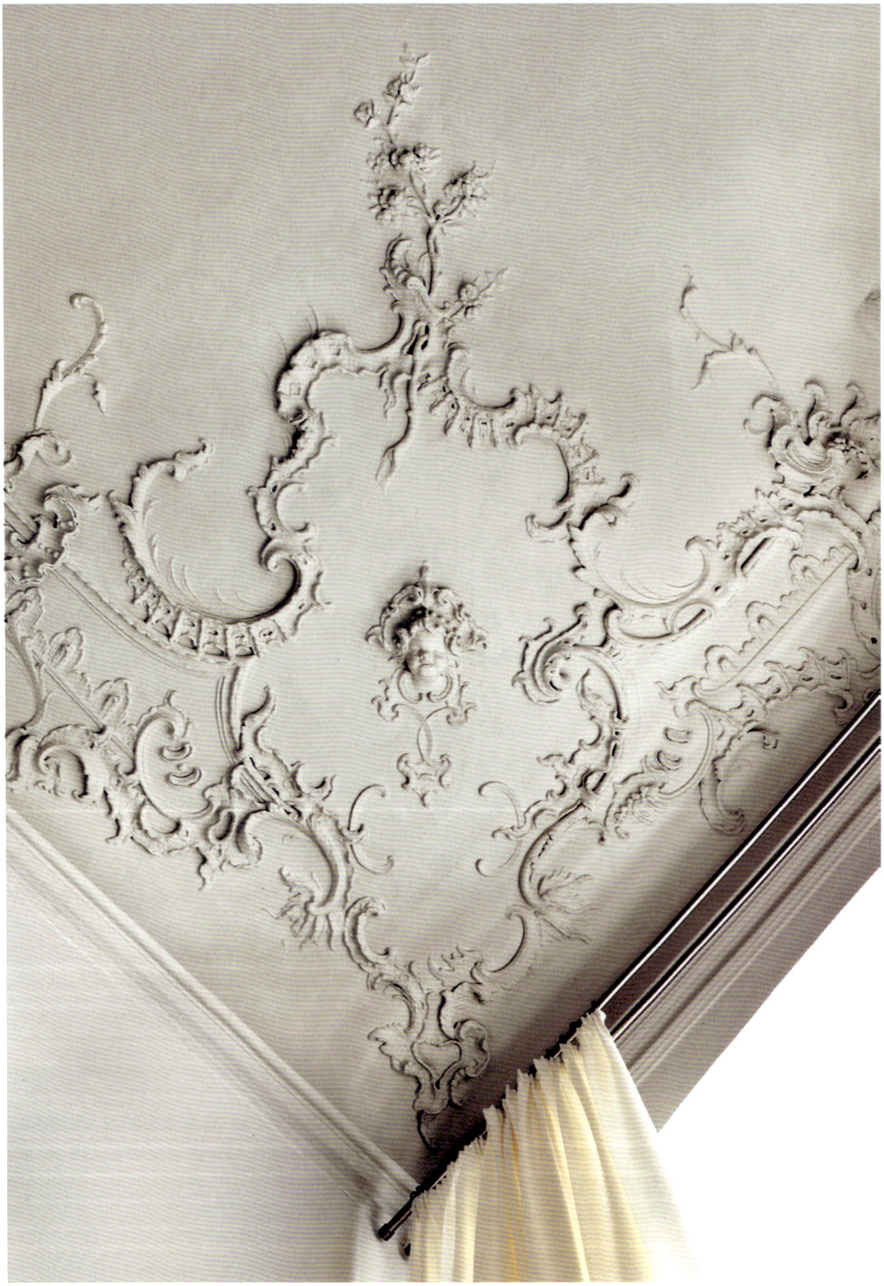

△ Zimmer von Wachen und Träumen, Südöstliche Eckkartusche

▷ Zimmer von Wachen und Träumen, Südöstliche Knabenbüste

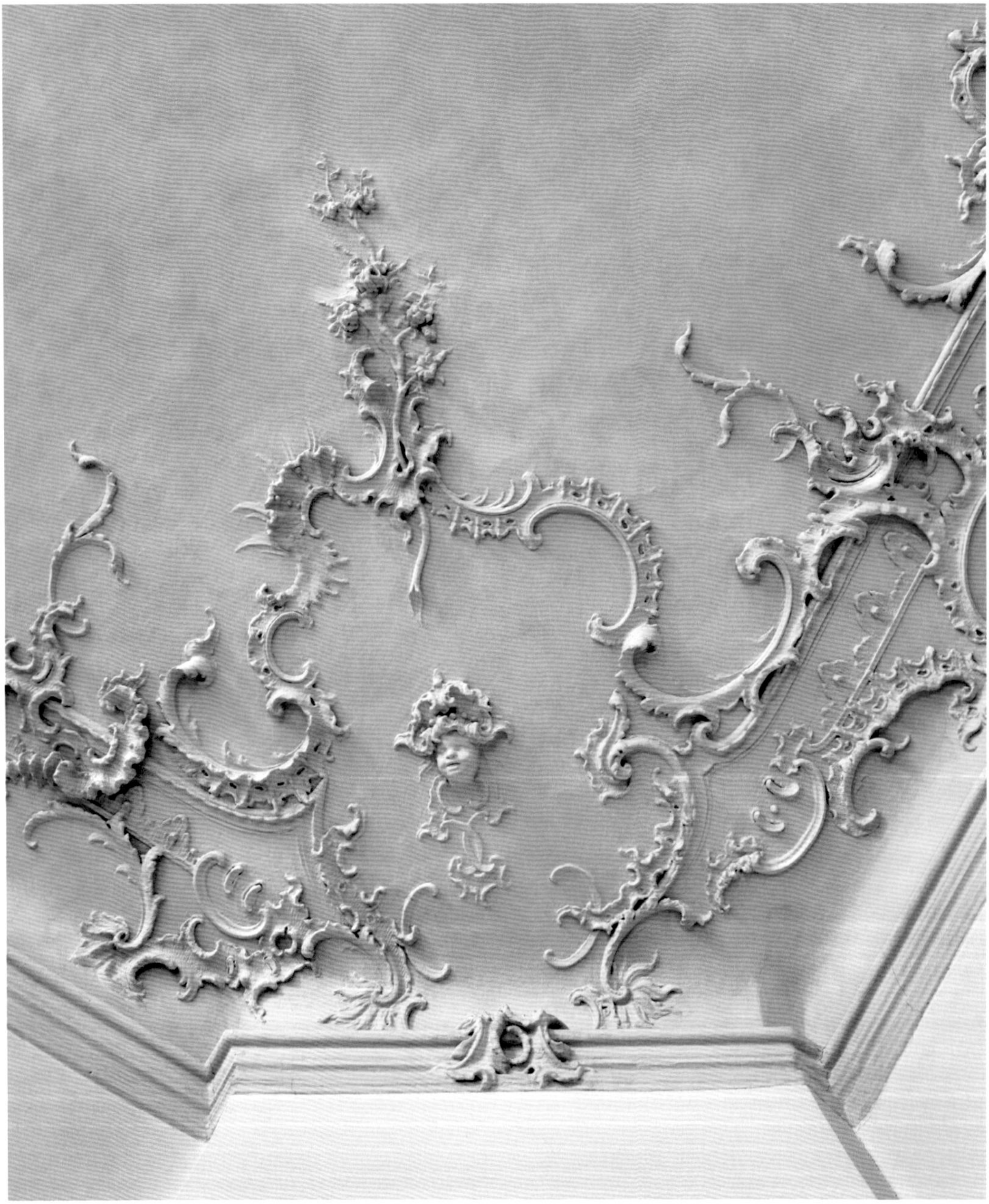

△ Zimmer von Wachen und Träumen, Nordwestliche Eckkartusche

▷ Zimmer von Wachen und Träumen, Nordwestliche Knabenbüste

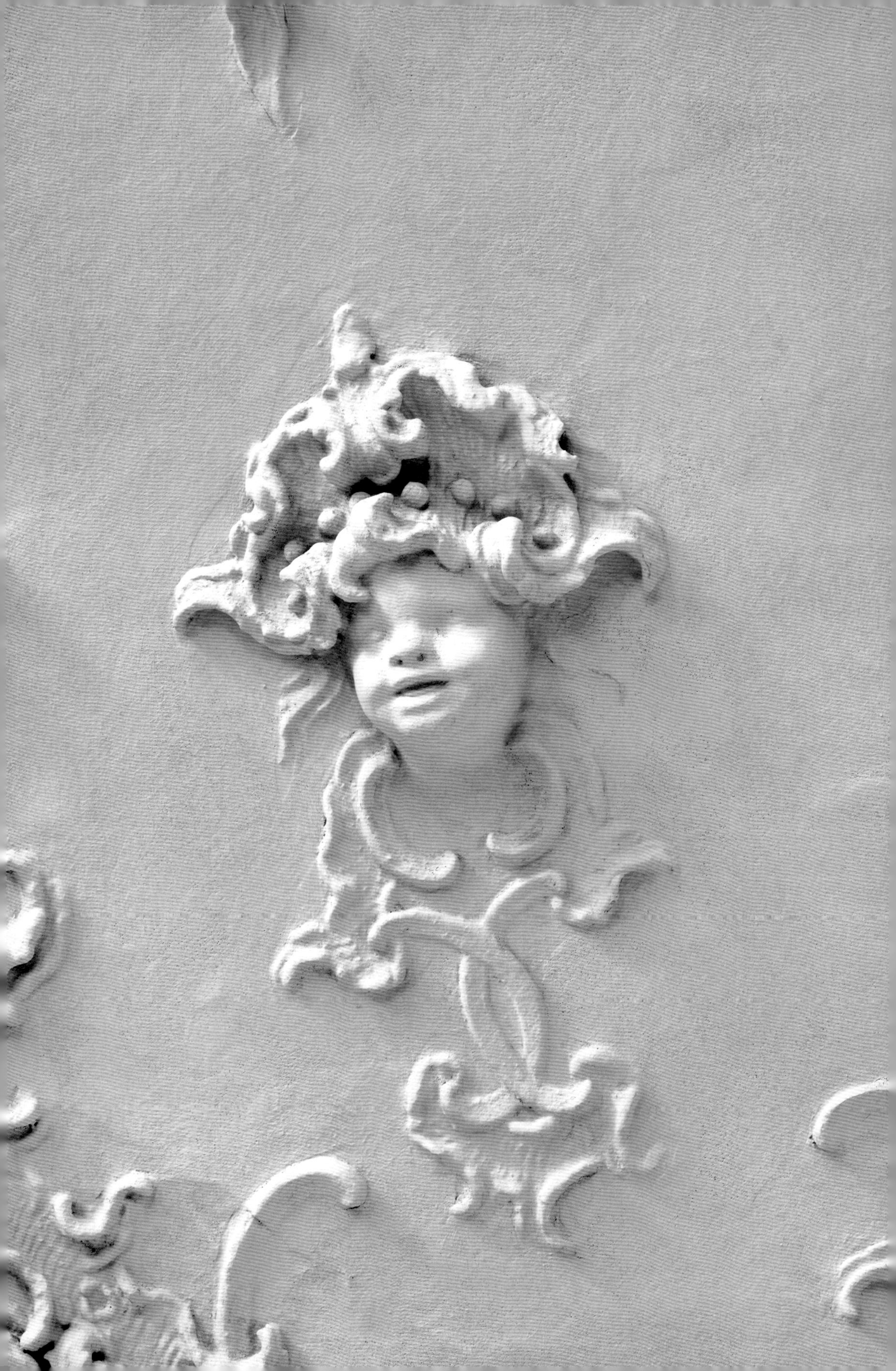

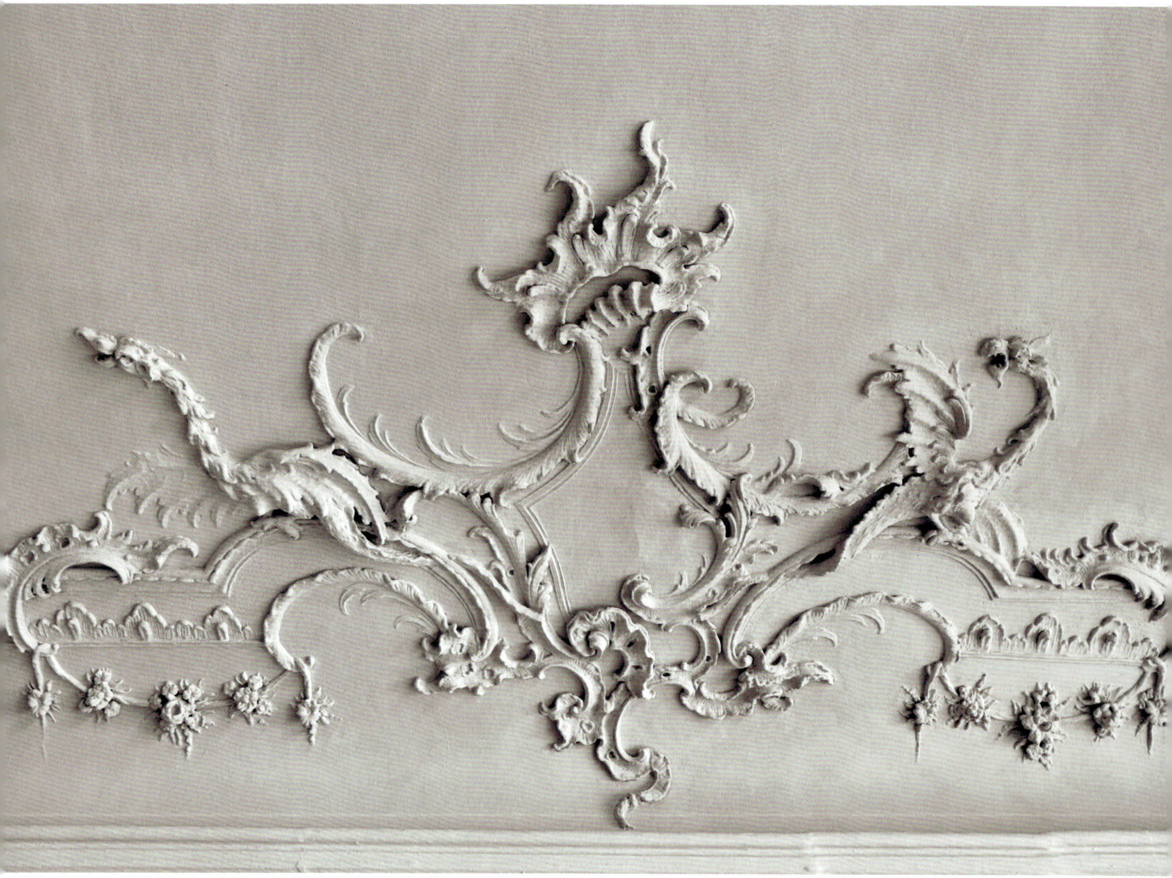

Ein unmittelbarer Konflikt der Tiere bleibt aber dank der Kartusche aus. Mit ihren flügelartig ausgebreiteten Rankenarmen hält sie die Tiere symmetrisch an getrennten Plätzen. Dadurch aber betrifft die Spannung zwischen den beiden Drachen nun auch die Kartusche. Im Kontakt mit den zankenden Tieren bildet sie ihrerseits einen tiergleichen Leib aus Schwanz, Schildkorpus, Flügelarmen und kammbekröntem Haupt. Ihr nach rechts zur Seite gedrehter Kopf öffnet sogar ein Rankenmaul, das sich mit einschüchterndem Schreigebaren dem aggressiveren der beiden krähenden Drachen zuwendet. Als unergründliches Mischwesen aus Drachen und Hahn sorgt dieses Kartuschen-Tier für Ruhe und Frieden in der Drachenwelt, indem es elastisch die umgebenden Spannungen abfedert. Dies gelingt jedoch nur im Kraftaustausch, also durch Aufnahme des nötigen Quäntchens Tierkonflikt in das per se zu abstrakter Ruhigstellung neigende Ornament. Die Kartusche saugt also einen wesentlichen Teil des umgebenden Naturchaos auf, verkörpert es in der Ahnung eigener, schreiend sich wehrender Tierartigkeit und bringt damit gleichsam das ornamentale Prinzip im Umraum zur nötigen Geltung. Denn gerade wegen dieser unheimlich-unerwarteten Gegenwehr des Ornaments werden die Drachen

△ Zimmer von Wachen und Träumen, Zentralmotiv der Ostwand

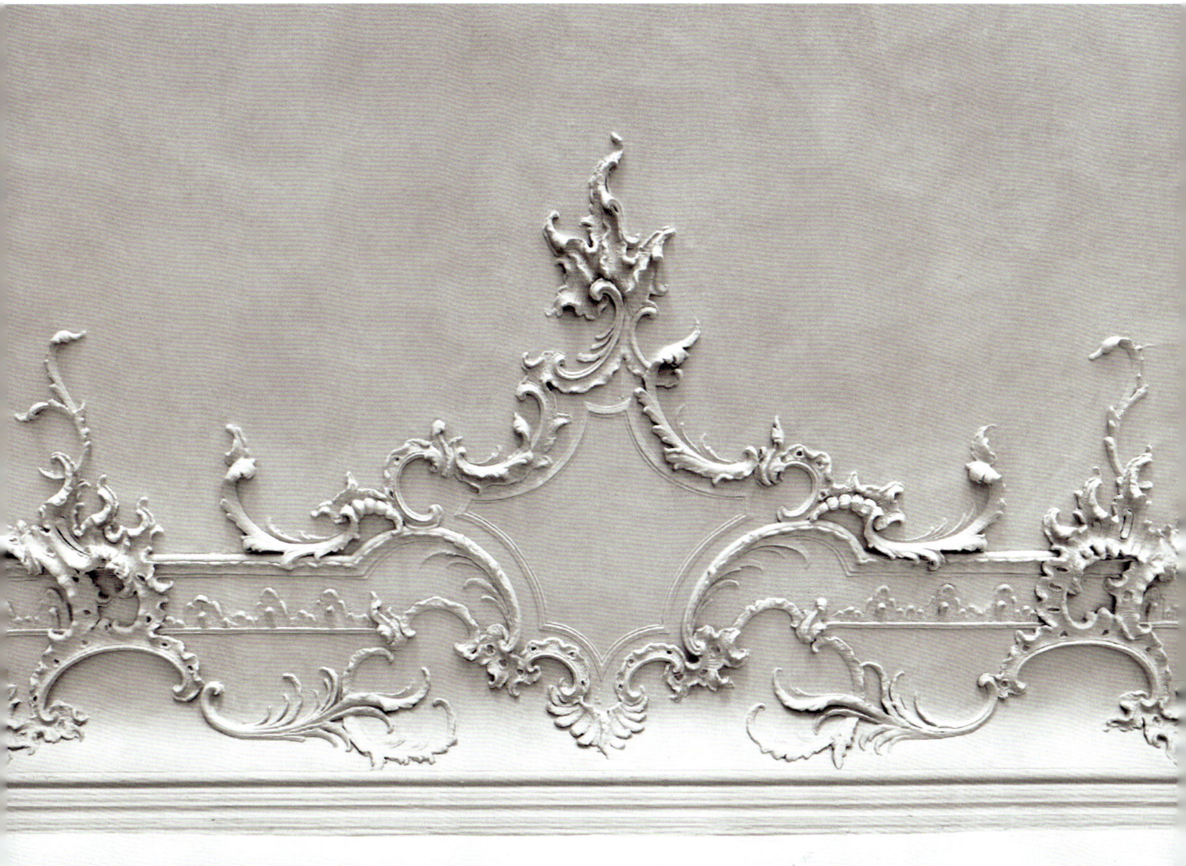

symmetrisch an ihre Plätze links und rechts der Kartusche gestellt und erscheinen jetzt als deren ornamentale und konsequente Fortsetzung hinein in das umlaufende Dekorationssystem. Die drachenlosen, mehrheitlich ornamentalen Rankenkartuschen in Nord und Süd haben an dieser Einsicht wesentlichen Anteil. Denn dort, wo man zunächst nur bloßes Ornament in abstrakter Ruhe erkennen wollte, vernimmt man jetzt den tiefen Nachhall der Drachengeschichte. Die Drachen aus Ost und West sind im Norden und Süden zu gebändigten Ranken innerhalb des Kartuschenornaments geworden, die Kartusche aber hat sich vom tierischen zum vegetabilen Ornament verabstrahiert und beruhigt. Dass nördlich und südlich jene Ruhe in die Mitte der Voute eingekehrt ist, deren Herstellung im Osten und Westen noch Ziel war, macht also begreiflich, wie sehr die Entstehung einer friedlichen Union im abstrakt ruhenden Ornament auf der steten Reibung mit dem gegenüberliegenden Leben beruht.

△ Zimmer von Wachen und Träumen, Zentralmotiv der Nordwand

35 Vgl. Kestler, ABTEI OBERZELL 1856, S. 104.

36 Wie Anm. 24–28.

SOMMER- UND WINTERREFEKTORIUM

Bei ausgedehnteren Klosteranlagen kommt es ab dem Spätmittelalter zur Differenzierung zwischen einem kleinen, beheizbaren und einem großen, unbeheizten Refektorium.[37] Dieser Tradition folgend findet sich in Oberzell ein kleiner Winterspeisesaal im Südosteck des Erdgeschosses sowie – direkt benachbart – ein großes Sommerrefektorium im Ostflügel.

Die Architektur des Sommerspeisesaales kennzeichnet eine reibungsvolle Begegnung achsialer Ausrichtungen und zentralräumlicher Gruppierungen. Bossi begegnet dieser Problematik in einem ebenso feinen wie zielgerichteten Rankengewebe. Dieses entfaltet sich vornehmlich entlang der neuralgischen Zonen, wie den Gewölbegraten, und schafft dadurch ein Netzwerk, das vorgegebene Konflikte besänftig und auseinanderstrebende Elemente bindet. Die beiden oktogonalen, säulenartigen Pfeiler gliedern den Saal der Länge nach in zwei gleich breite Schiffe mit eigenen Spiegelgewölben. Gegenläufig dazu bilden sich zwischen Schmalwänden und Pfeilern bzw. zwischen den Pfeilern eigens gewölbte Raumkompartimente, die in ihrer Beschneidung durch die Schiffe dazu neigen, sich um einen Mittelpunkt zu formieren. Jeder dieser drei Raumbereiche unterstreicht seine Zentralisierungstendenz mit einem eigenen, 1755 geschaffenen Deckenbild von Johann und Januarius Zick, darstellend im Süden die *Mannalese*, in der Mitte das *Letzte Abendmahl* und im Norden das *Mahl der drei Engel bei Abraham*.[38] Weder die Schiffs- noch die dreifache Zentralraumidee kann sich voll durchsetzen, beide begrenzen und bedingen sich vielmehr gegenseitig. Umlaufend vermitteln 15 Stichkappengewölbe zwischen den Wänden bzw. ihren Öffnungen und der Spiegelwölbung, wobei die dabei entstehenden Zwickelflächen oberhalb der Gewölbefüße 19 Seligen- und Heiligenbildnisse des Prämonstratenserordens tragen.[39] Der Saal ist auf beiden Längswänden durchfenstert, wobei im Osten fünf im Westen dagegen nur vier Fenster erscheinen. Die Ostwand besitzt in ihrem mittleren Fenster ein klar bestimmbares Zentrum, das dem Vierer-Rhythmus der Westwand zwangsläufig fehlt. Folglich ist die Ausbildung einer Symmetrie nicht nur innerhalb der Westwand, sondern auch unter den Längswänden unmöglich geworden.

Bossis Korrektur setzt zunächst bei jenen Zierformen an, die für den wandseitigen Stichkappenscheitel vorgesehen sind. Einander benachbarte Kappen erhalten grundsätzlich nicht die gleiche Zierform. Vielmehr wird zwischen einer geschlossenen Kartusche und einer kartuschenartigen Spange oder Ranke unterschieden, so dass von Kappe zu Kappe ein umlaufender Wechselrhythmus entsteht, bei dem sich Kartusche und Spange/Ranke abwechseln. Die Verwandtschaft dieser an sich so unterschiedlichen Gebilde kann dabei stets gewahrt bleiben, da sie grundsätzlich

▷ Blick ins Sommerrefektorium

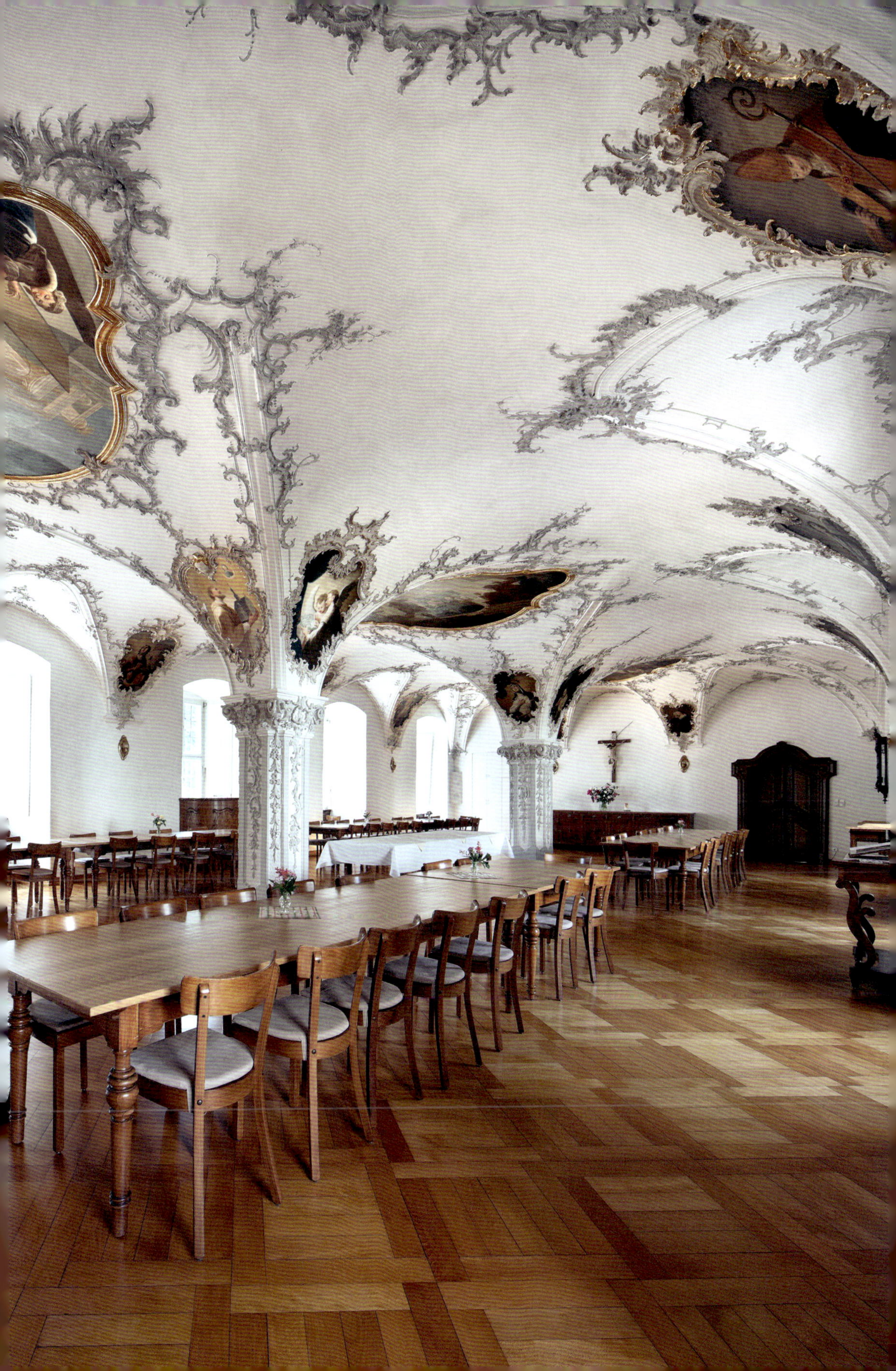

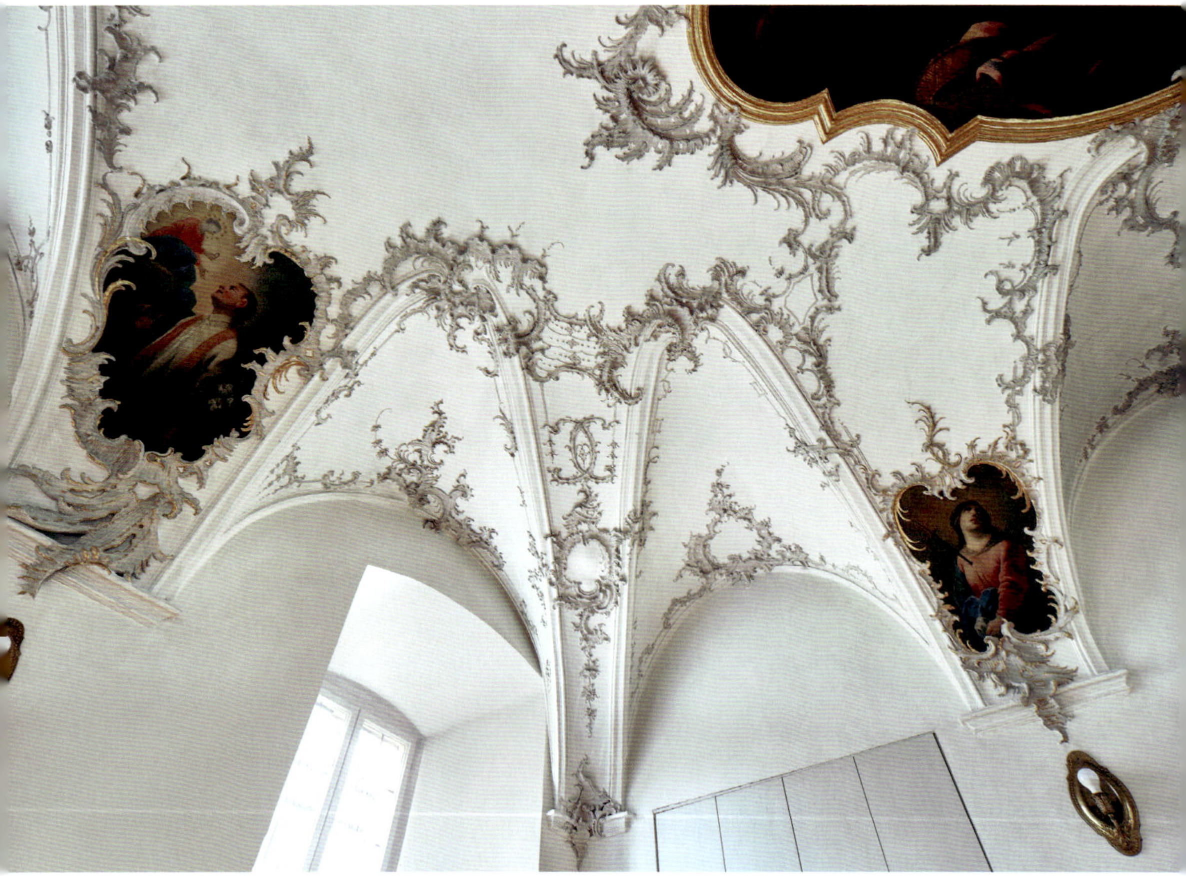

aus den gleichen Bestandteilen bestehen. Aufgrund der ungleichen Anzahl an Kappen kann der Wechsel nicht nahtlos durchgeführt werden, es muss zwischen Ausgangs- und Endpunkt des umlaufenden Kappensystems zur Nachbarschaft zweier gleicher Zierformen kommen. Bossi lässt diese Nachbarschaft aber nicht irgendwo entstehen, sondern in den beiden mittleren Fenstern der vierfenstrigen Westwand. Dort also, wo kein Fenster eine Zentralstellung beanspruchen kann, bindet er die Mittelfenster zu einem Paar mit geschlossenen Kartuschen zusammen und unterstreicht damit deren geheime Zentralposition. Wie ausdifferenziert dieses Wechselsystem ist, zeigt zudem die Unterscheidung von Zierformen an Schmal- und Längswänden. Ohne das umlaufende System zu durchbrechen, präsentieren die Schmalwandkappen stets gerundete Zierformen, die Längswände jedoch kantige Gebilde. Bossi ist es so möglich, die unterschiedlichen Charakteristika von Längs- und Schmalwänden zu unterstreichen und dabei im Wechselrhythmus zugleich die innere, ruhende Mitte einer jeden Wand zu gewichten.

Die Kappen, welche architektonisch relativ beziehungslos in der Spiegelwölbung sitzen und aufgrund teilweise chaotischer Fensteranordnung zu diversen Konstellationen zusammentreten, vernetzt Bossi archi-

△ Sommerrefektorium, Südöstliche Raumecke

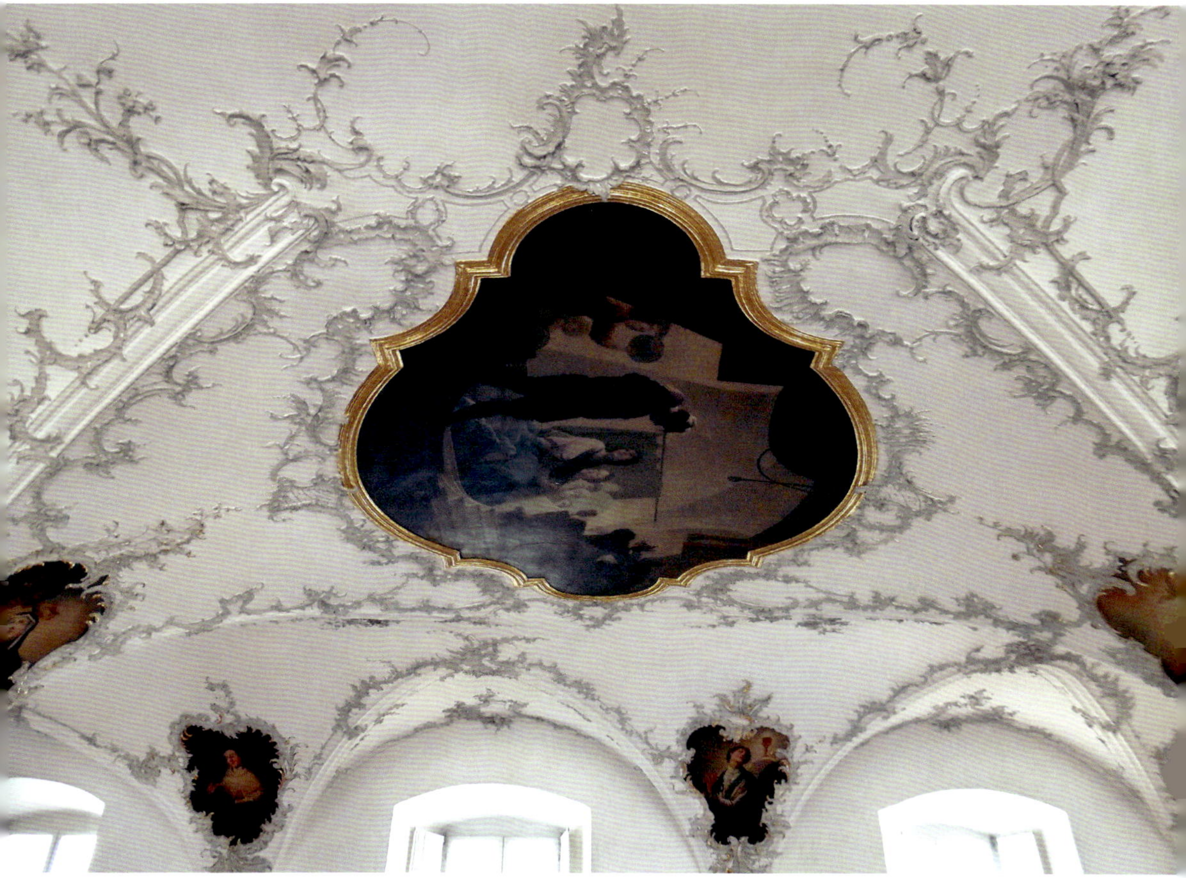

tektonisch sinngebend in einem komplexen, den gesamten Raum durchwachsenden Stuckgeflecht. Besonders augenfällig wird das in jenen Kappen, die sich räumlich über Eck begegnen. Geraten sie auch nie in einen unmittelbaren Konflikt miteinander, so ist doch die körperliche Nähe zwischen zwei Kappen nirgends ausgeprägter als in den Ecken. Dies thematisiert Bossi feinsinnig mit der Gestaltung der Spiegelgewölbebahn, die sich zwischen den Über-Eck-Kappen ausbreitet. Im Zentrum dieser Bahn steht ein Kartuschenornament, das sich an den profilierten Gewölbegraten festgesetzt hat und dazu dient, die enge Bindung der Kappen – gerade im Vergleich zu den übrigen Kappenpaaren des Raumes – zu veranschaulichen. Da sich die Kappen nach oben hin langsam voneinander fortbeugen und so die Bahn zwischen sich breiter werden lassen, löst Bossi die Bindung Stück für Stück auf. Dies gelingt durch ein Spangenornament aus zwei gegenläufig ineinandergeschlungenen C-Bögen, das eine größere Flexibilität ausstrahlt als die Kartusche. In einem dritten Schritt lässt der Stuckateur über der Doppel-C-Spange ein zartes Gitternetz auftreten, das bereits die zarte Auflockerung der Kappenbindung andeutet, ohne aber das nach wie vor bestehende Verhältnis aufzulösen. Vielmehr dröselt sich aus diesem Gittergeflecht das

△ Sommerrefektorium, Abendmahls-Bereich

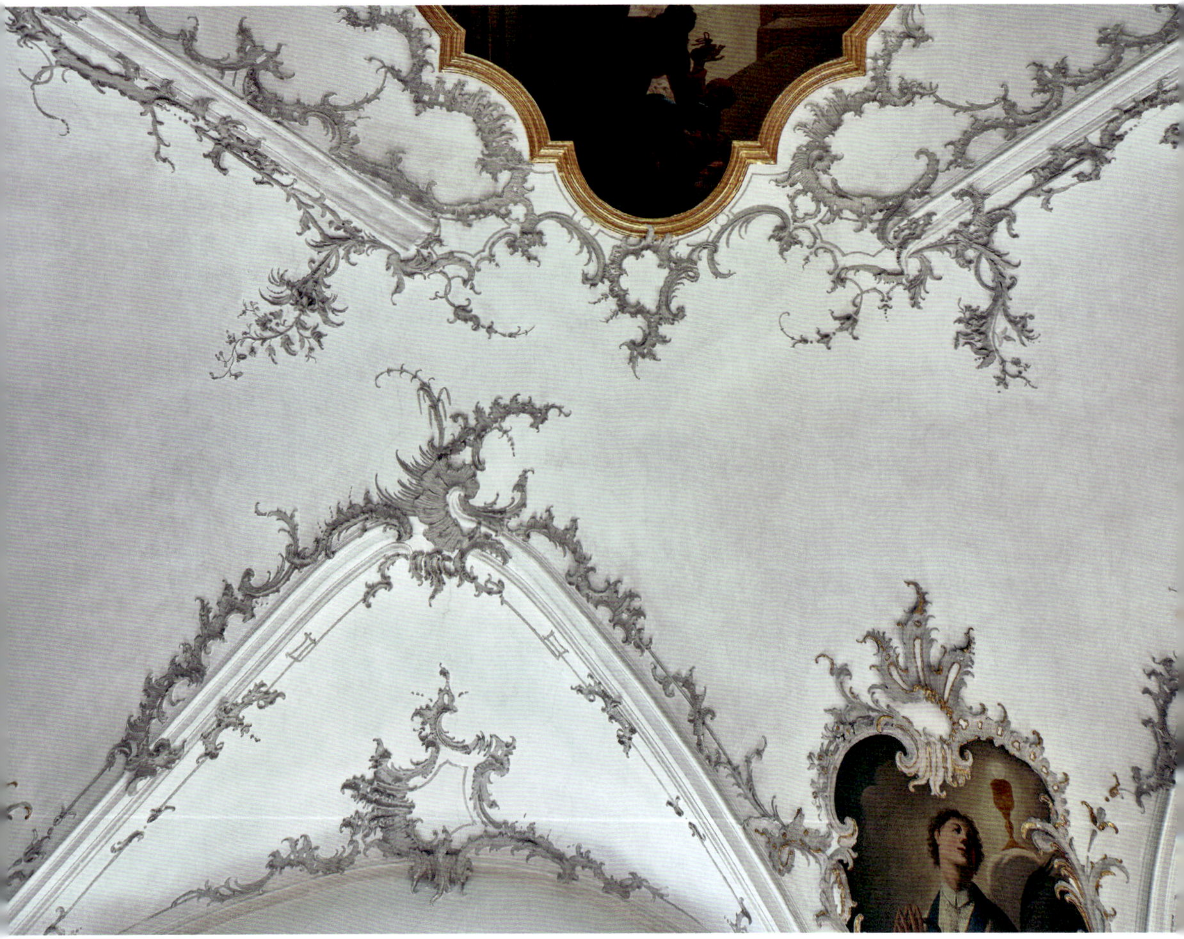

allumfassende Rankennetz frei, das zunächst einmal die beiden getrennten Kappenspitzen als eigene Kraftzentren thematisiert und diese dann in den weiteren, ungebrochenen Ornamentverlauf der Schiffe und Zentralraumbezirke einflicht.

An diesen Ornamentverlauf ist auch der zwischen den beiden Pfeilern mittig im Saal gelegene Zentralraumbereich mit der Darstellung des *Abendmahles* geknüpft. Er ist jedoch bei aller Mittellage mehr ideelles denn herausgehobenen architektonisches Zentrum des Refektoriums. Wie für die benachbarten Bezirke von *Mannalese* und *Engelsmahl*, so gilt auch für den *Abendmahl*-Bereich, dass dieser mit seiner gegen die Schiffsgewölbe gerichteten Wölbung nicht restlos aus den Schiffen herausisoliert werden kann. Die vier von den Pfeilern aufsteigenden Grate grenzen den *Abendmahl*-Bereich ebenso sehr von den Schiffen ab, wie sie diesen mit ihnen verbinden. Bossi berücksichtigt diese ambivalente Rolle der Grate in ihrer Stuckierung. Zunächst profiliert er sie vom Pfeiler aufwärts kräftig. Ab einer beträchtlichen Höhe dann enden

△ Sommerrefektorium, Begegnung von Abendmahls-Bereich und westlicher Längswand-Stichkappe

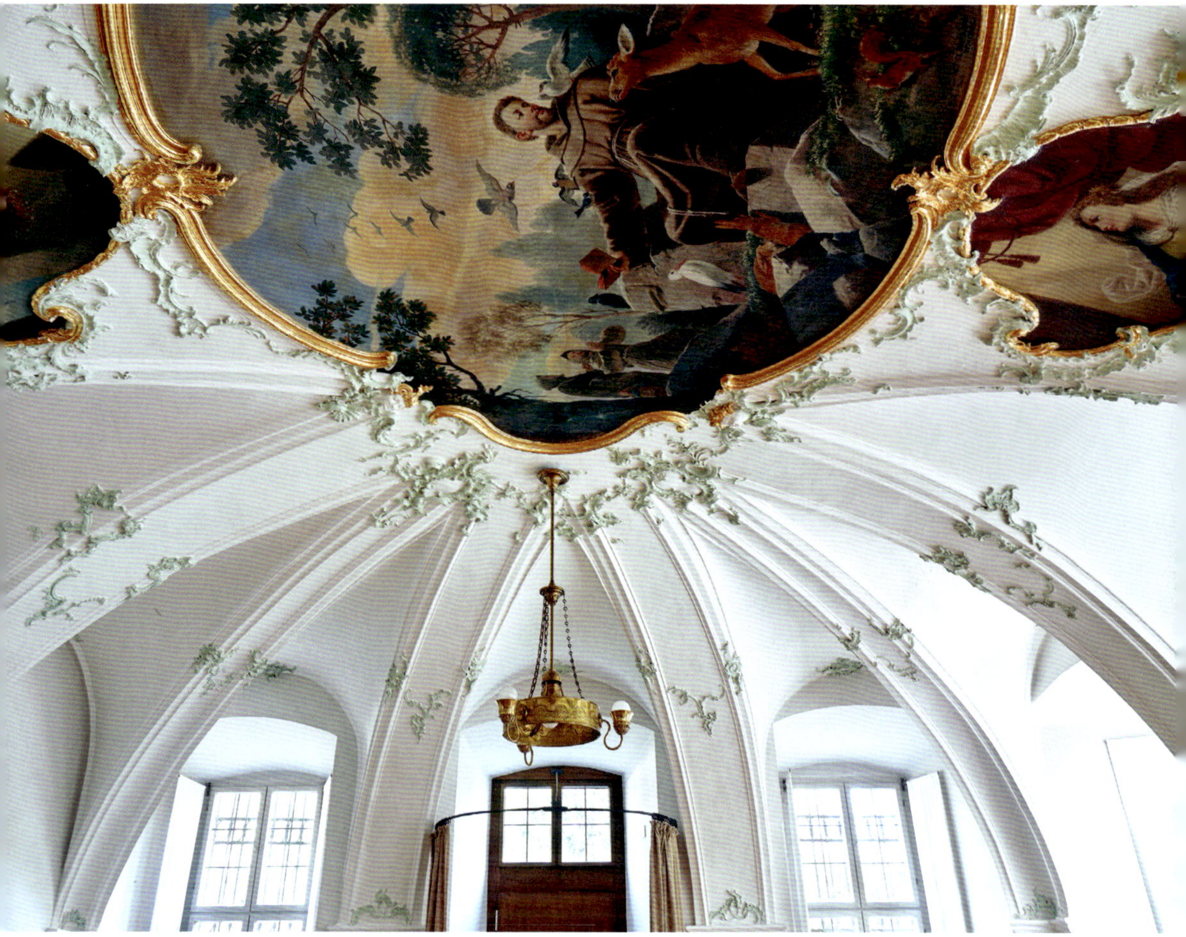

diese Profilierungen, um jenes zarte Rankenwerk freizusetzen – bzw. es in sich eindringen zu lassen –, das allumfassend die neuralgischen Punkte der Architektur überwächst. Ziel dieser Gestaltung ist es, die direkte Vereinigung der innerhalb eines Schiffes aufeinander zulaufenden Pfeilergrate zu verhindern. Denn eine solche Verbindung würde die Grate-Paare zu monumentalen Stichkappen werden lassen, die massiv ins östliche bzw. westliche Schiffsgewölbe einschneiden und es dadurch übermäßig stark aufzehren. Um also den invasiven Übergriff des *Abendmahl*-Bezirks auf die Schiffe zu verhindern, lässt Bossi seinen profilierten Grat-Ästen sensibel vermittelnde Rankentriebe entwachsen, die nun nicht mehr die Dominanz des *Abendmahl*-Bereichs gegenüber den Schiffen behaupten, sondern unter Beibehaltung der separaten räumlichen Eigenheiten beide miteinander in sinnvolle Kommunikation setzen. So kann das Rankenwerk beispielsweise das gesamte Deckengemälde umfangen und dieses dabei zugleich fest in den vier Pfeilergraten verankern. Federleicht eingehängt in den soliden Stand der Pfeiler dehnt und

△ Winterrefektorium, Blick ins Gewölbe nach Osten

streckt es sich in seinem Gewölbefeld über unseren Köpfen so angenehm, wie ein vom Winde aufgeblähtes Segeltuch. Indem nun dieses bildumfangende Rankennetz an den Schmalseiten des Deckenbildrahmens Kartuschen ausbildet und mit ihnen die Bildsilhouette aus dem *Abendmahl*-Gewölbe heraus in die Schiffswölbung hinein verbreitert, wird nicht nur der Zusammenhang der beiden ineinandergleitenden Gewölbe sehr gut sichtbar gemacht. Vielmehr entsteht auch – sozusagen insgeheim – jene große Zuspitzung des Abendmahl-Bezirks hinein ins Schiffsgewölbe, die von den zusammenlaufenden Pfeilergraten ursprünglich stichkappenartig angestrebt worden war. Die Kartuschenzuspitzung berührt exakt jenen Punkt, auf den die zusammenlaufenden Grate von Anfang an hinzielten. Weil aber diese Zuspitzung der Kartusche aus einem Rankenrückschwung hervorwächst, der die Grate auf den Bereich des Deckengemäldes rückbezieht, bedrängt und bedroht diese indirekte Art der Gratzuspitzung nicht mehr das Schiffsgewölbe, sondern bindet es aktiv in den vermittelnden Vorgang mit ein. Die beiden Rankenrückschwünge, welche die Kartusche an die Grate und diese an das Gemälde binden, werden zu muskulös gespannten Armen des Kartuschenkörpers, mit denen dieser die Grate zur Spitze schließt und an den Gemäldebereich bindet. Doch die Kartusche könnte in ihren Rankenarmen nicht derart selbstbewusst mit den Graten verfahren, wären diese ihr nicht auch gewachsen. Der geradlinige Gratverlauf muss sich letztlich gegen eine allzu starke Einvernahme durch die Kartusche und deren Rückbindung an den *Abendmahl*-Bezirk wehren. Ein jeder Grat tut dies im oberen Drittel seines profilierten Schaftes, dort, wo die großen Blatt- und Blütenzweige weit ins Schiffsgewölbe hinein lotrecht von ihm fortwachsen. Diese Zweige sind sein Zeigegestus nach den gegenüber sich ins Schiffsgewölbe einspitzenden Stichkappen. Ihnen gleich will der Grat handeln und sich nicht restlos im *Abendmahl*-Bezirk verlieren. Deshalb bilden beiden Grate gemeinsam – dank ihrer Blatt- und Blütenzweige – die Ahnung einer großen, von der Längswand hergekommenen Stichkappensilhouette aus, die im Begriff ist, sich inmitten der Zuspitzung des *Abendmahl*-Bezirks selbst zuzuspitzen. So keilt Bossi nicht nur Abendmahl- und Schiffsgewölbe raumbildend ineinander, sondern auch das Drängen der Außenwände in die Mitte ihres Ausdrucksdrangs.

In diesem Ineinanderströmen gegenläufiger Raumrichtungen und -kräfte wächst das Rankengeflecht nicht nur aus den Graten heraus und von ihnen fort, sondern umspielt sie und dringt wieder in diese zurück. Durch diesen elastischen Balanceakt beziehen sie auch die Gemäldekartuschen über den Gewölbefüßen des Pfeilers mit ein, von denen sich je vier um einen Pfeiler gruppieren. Dabei berührt das Geflecht einer Bildkartusche niemals den Gewölbefuß, sondern hebt sich aus dessen Nähe sacht über diesen empor. Dies unterscheidet die Pfeiler-Bildkartuschen grundlegend von den 11 Gemäldekartuschen der umlaufenden Wände, wo ein jedes Bild im Schweif des Kartuschenrahmens seinen Gewölbefuß berührt, ja sogar ganz bewusst umgreift. Im Vergleich zu den Wandbildern gewährt der Künstler den Pfeilerbildnissen also eine herausgehobene Stellung durch einen leichten Schwebezustand. Der Grund dafür dürfte in den unterschiedlichen Höhenlagen der Gewölbefüße des Saales liegen. Denn die Gewölbefüße der Pfeiler liegen um einiges tiefer als jene der umlaufenden Wände. Folglich wird das Spiegelgewölbe zu den Pfeilern deutlich weiter herabgezogen als zu den Wänden. Resultat ist eine offensichtliche Schieflage der Schiffsgewölbe, deren Fluchten optisch zur Pfeilermitte hin kippen.

Indem Bossi das dezente Schweben der Gemäldekartuschen über den Pfeiler-Gewölbefüßen mit dem lastenderen Niedersitzen der Bildfelder auf den Wandseiten kontra-

▷ Winterrefektorium, Verbindung benachbarter Stichkappen durch eine Kartusche

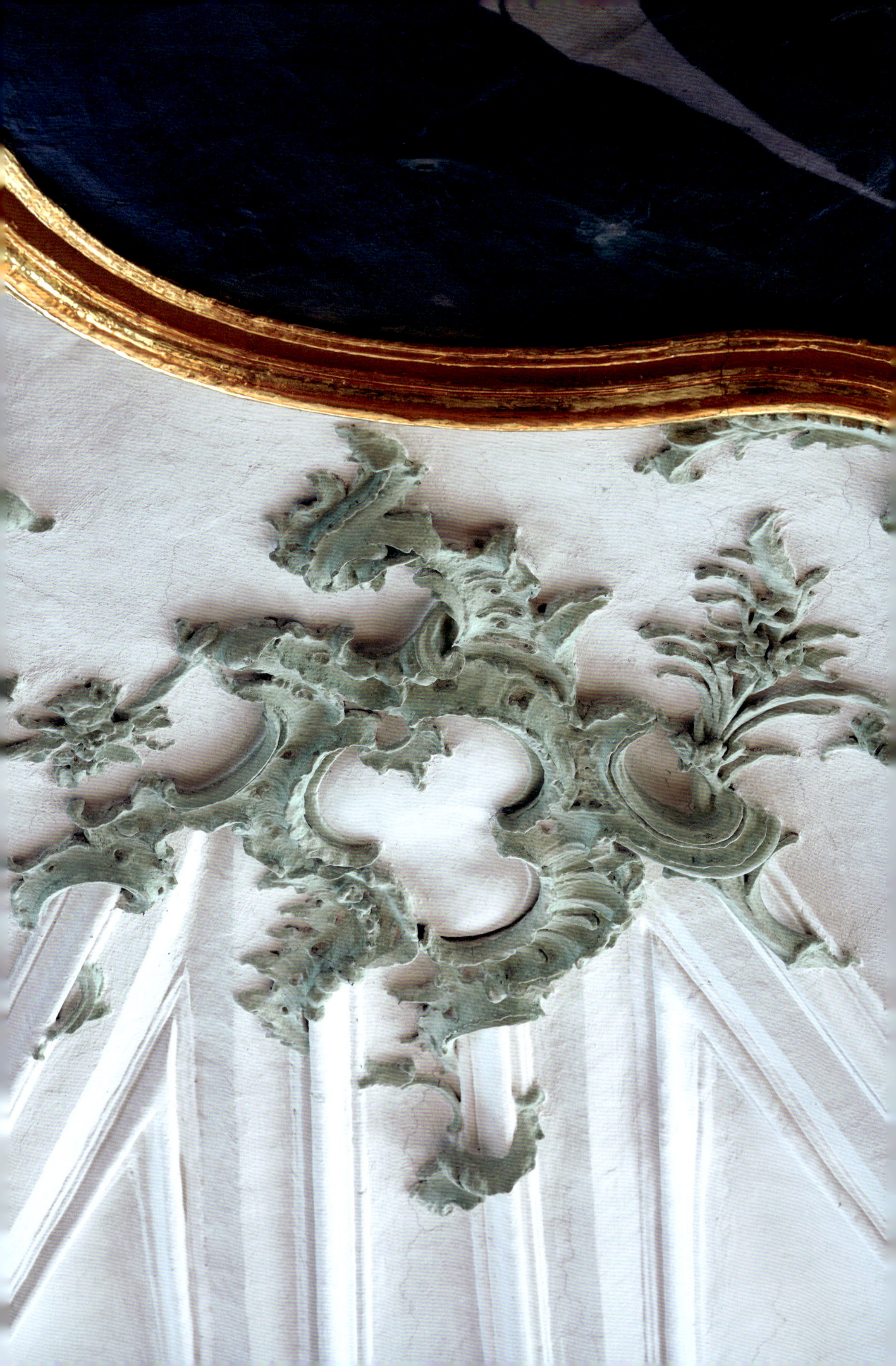

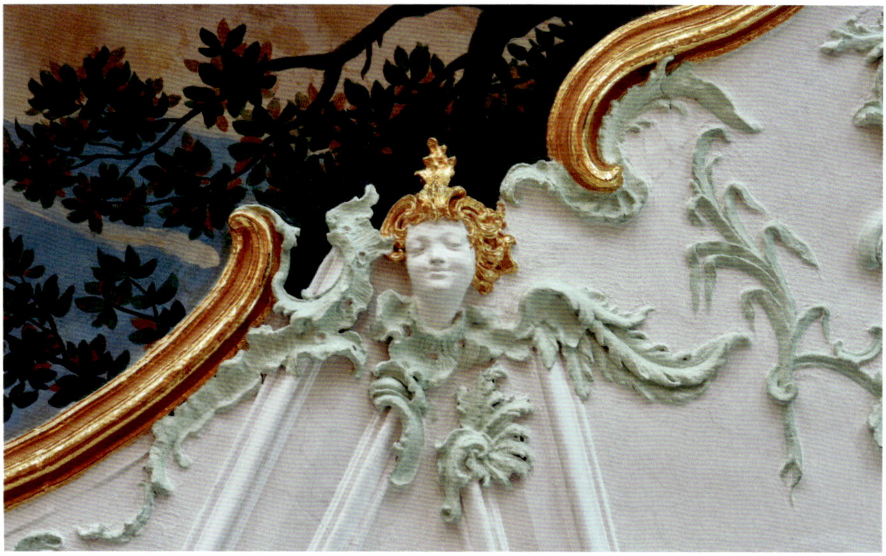

stiert, erreicht er den entscheidenden Ausgleich. Der Stuckateur richtet sich dabei nach der Erfahrung des Trägheitsgesetzes. Indem die Gemäldekartuschen aus Trägheit oberhalb der Pfeilerköpfe verleiben, erscheinen letztere durch die Wucht des zur Raummitte verstärkt abfallenden Gewölbes sichtbar niedergedrückt zu sein. Weil die Bildkartuschen also auf diese zur Raummitte hin vergrößerte Gewölbelast körperlich reagieren und somit zu handelnden Subjekten einer Architekturerzählung werden, erklärt sich dem Beschauer die einseitige Gewölbeneigung als etwas Nachvollziehbares. Jetzt erst verstehen wir, dass das Gewölbe hier nicht einfach grundlos und deshalb unästhetisch tiefer sitzt als an den Wänden. Wir fassen das Gewölbe vielmehr als Körper auf, der bestimmte Neigungen aufweisen und einseitige Lasten provozieren kann. Die ganze Gestaltung des Pfeilerschaftes nun, die ja ebenfalls aus Stuckatur besteht, führt diesen Vorgang zu seinem konsequenten Abschluss. Bossi schafft zunächst ein aufwendiges, stark in sich bewegtes Kapitell, in dem die Wuchtkräfte des herabstürzenden Gewölbes wie in einer Gelenkkapsel stoßdämpferartig aufgefangen und abgefedert werden. Aus dem Ranken- und Blütenleben dieses Gelenkkapitells fallen nun Rankengirlanden herab, welche wichtige Anteile der Gewölbe-Stoßkraft senkrecht hinabführen, während schlanke Miniaturpfeiler flankierend und emporwachsend den Rahmen dafür schaffen. Diese Girlanden enden vorzeitig auf verschiedenen Höhenlagen, ohne den Fußbereich des Pfeilers erreicht zu haben. So zeigt sich nicht nur, wie sehr das Abfedern des Kapitells bereits erste Erleichterung gebracht hat. Das quirlige Leben der Girlanden verteilt zudem die vertikale Stoßkraft in die Breite, so dass sich die unmittelbare Härte des Stoßes zu verlagern beginnt und nicht mehr rigoros zu Boden fährt. Indem die Girlanden – jede auf ihre eigene Art – nicht vollkommen bis zu Boden reichen, zeigen sie an, dass die Stoßkraft ihre Wirkung zu verlieren beginnt und somit dem neuerlich-zarten Aufwachsen der dünnen, rahmenden Miniaturpfeiler aus der starken plastischen Schwellung des Pilasterfußes heraus Platz macht. Die Pilaster sind also nicht ihres Aufbaus wegen menschengleich, der sich aus Kopf, Schaft und Fuß zusammensetzt. Was uns ihrer unheim-

△ Winterrefektorium, Zwischen Stichkappe und Hauptgemälde vermittelnder Engelskopf

lich lebendigen Präsenz anheimfallen lässt, ist vielmehr das darin heimlich Quellende echten und nicht nur gemeinten Daseins.

Das diesem Speisesaal benachbarte Winterrefektorium ist – vermutlich der besseren Beheizbarkeit wegen – weit herabgewölbt. Tief einschneidende Stichkappen zehren das Hauptgewölbe derart stark auf, dass es strahlengleich und in feierlicher Schwere von seiner Spiegelmitte herabstrahlt. Auch hier bestehen architektonische Ungleichmäßigkeiten zwischen Wandöffnungen und Gewölbe, die zur Bildung unterschiedlich dimensionierter und gelagerter Kappen führen. Das hat entsprechende Auswirkungen auf die verbleibende Spiegelfläche des Hauptgewölbes mit ihrem zentralen Deckenbild, welches die *Tierpredigt des Hl. Franziskus* zeigt.[40] Bossi gleicht nicht nur die architektonischen Ungereimtheiten gekonnt aus. Vor allem legt er ganz allgemein eine besondere Zurückhaltung an den Tag, um den enorm lastenden Eindruck des weit herabreichenden Gewölbes mit seinen zahllosen, ungleichmäßigen Kappenfurchen nicht unnötig durch zusätzliches Dekor zu belasten. Dabei nehmen Fülle und Bewegtheit seiner Stuckierung von unten nach oben hin zu, um dem allgemeinen Lasten der Decke eine ausgleichende Aufwärtstendenz zu verleihen. Er tut dies in drei Schritten, beginnend oberhalb des Gewölbefußes mit zurückhaltenden, aufwärtsgerichteten Rankenagraffen. Gefolgt werden diese – ungefähr ab Scheitelhöhe der Fensteröffnungen – von nach oben hin offenen, kartuschenartigen Gebilden, welche sich an den feinen Kantenprofilen der Gewölbebahn festhalten. Ihre Gestalt erinnert bewusst an die beiden Gemäldekartuschen mit Heiligendarstellungen, welche auf der Nord-Süd-Mittelachse des Raumes innerhalb der beiden breiten Gewölbebahnen direkt an das Hauptgemälde angeschlossen sind. Indem die kartuschenartigen Gebilde an diese Bildkartuschen erinnern, führen sie das Kartuschenmotiv ringsum durch, ohne doch mit der in sich geschlossenen Sonderstellung der beiden Bildmedaillons zu konkurrieren. In einem dritten und letzten Schritt führt Bossi das bislang noch zaghaft suchende und tastende Leben seiner beiden ersten Schritte zu einem quirligen und wimmelnden Finale um das Hauptgemälde zusammen. Dieser sich mehr und mehr einende Stuckreigen gleicht dabei die unausgewogenen Dimensionen des Decken- und Gemäldefeldes aus und bindet das verletzend scharfe Eindringen der Stichkappengewölbe sanft und ausgewogen in die Spiegelwölbung mit ein. Letzteres geschieht jedoch nicht als Leugnung der Architektur. Vielmehr bleibt etwas sehr Wesentliches vom aufzehrenden Einschneiden der Kappen im Stuck erhalten. Es findet sich in Gestalt der vier kindlichen Büsten wieder – wie im »Zimmer von Wachen und Träumen« zwei männliche und zwei weibliche –, welche die vier zentralen Kappen an ihren Spitzen bekrönen und diese zugleich in ihrer Schärfe mildern. Die vier Zentralkappen zeichnen sich dadurch aus, dass sie die Aufzehrung des Gewölbes bis zum Bildfeld vorantreiben und es am vehementesten mit Durchstechung bedrohen. Tatsächlich geöffnet wird der Bildrahmen aber nicht durch sie, sondern in Gestalt jener engelsbeflügelten und in Ornamentnatur eingebetteten Kinderköpfe, die seinen aufgerissenen Inhalt sogleich wieder mit Sinn und harmonischem Abschluss erfüllen. Denn es ist diesen Köpfen zu verdanken, dass Antlitz und Existenz des Menschlichen in ein Bild eindringen, das den Menschen zum Protagonisten seiner Natur erhoben hat.

37 Koch, Laurentius: *Refektorium*, in: LThK Bd. 8 (1999), Sp. 925f.

38 Emmert, KLOSTER OBERZELL 2010, S. 24–26; Die Gemälde wurden von Eulogius Böhler um 1902 überarbeitet, vgl. dazu Muth, OBERZELL 1986, S. 20.

39 Auch diese von den beiden Zick, (wie Anm. 38).

40 Vgl. Emmert, KLOSTER OBERZELL 2010, S. 26: der Verfasser spricht hier von einem verloren gegangenen Deckenbild der Zick, das durch Böhlers *Tierpredigt* 1902 ersetzt worden sei.

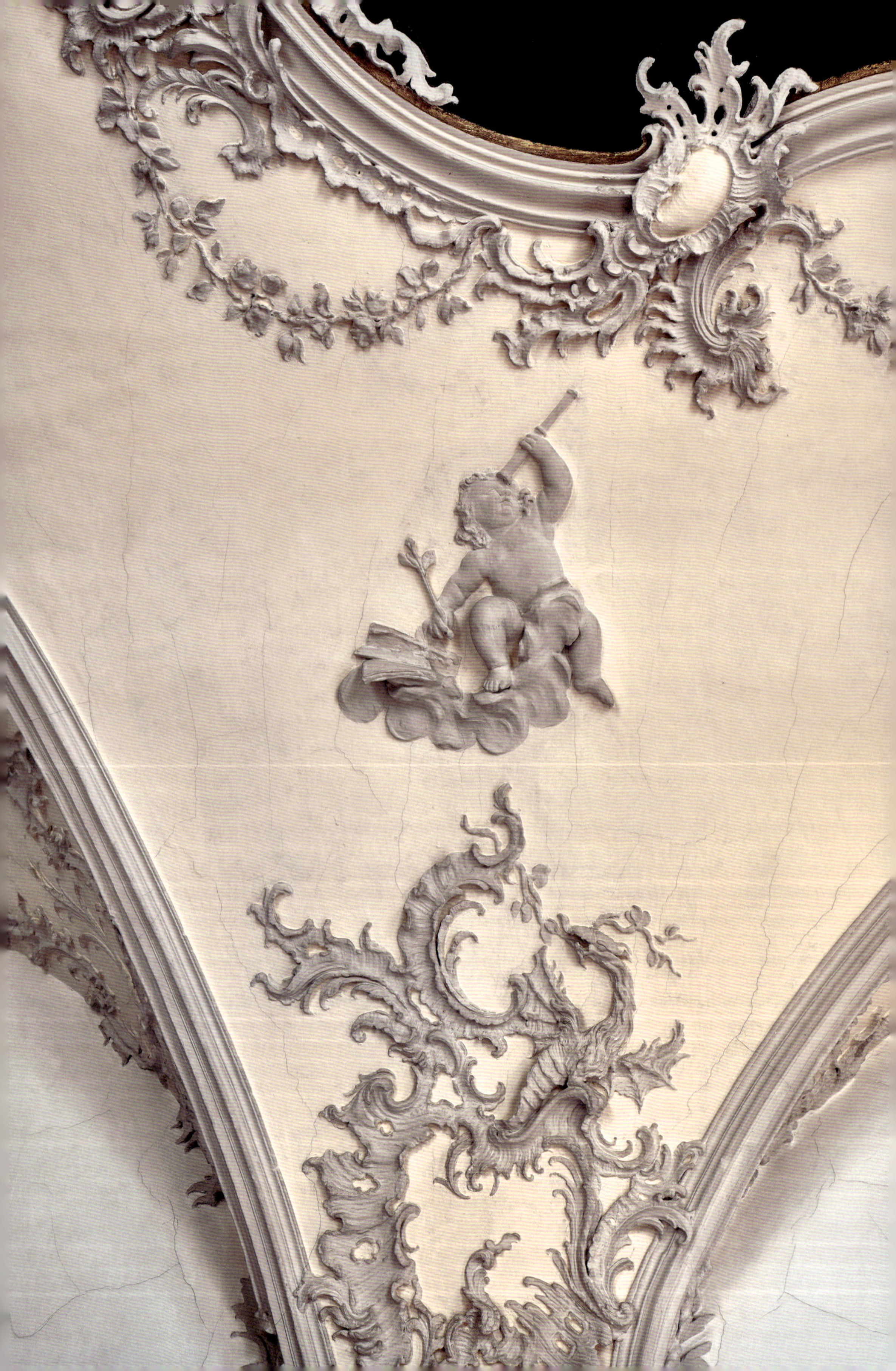

DER EHEMALIGE KAPITELSAAL

Im ehemaligen Kapitelsaal fanden wichtige Beratungen der Chorherren statt, welche v.a. Gemeinschaftsleben, Verwaltung und geistliche Belange betrafen.[41] Entsprechend bedeutsam war der Raum für das Funktionieren des Stiftes. Die an diesem Ort getroffenen Beschlüsse sollten vom Heiligen Geist erfüllt sein, weshalb das theologische Motiv der Heiliggeistgaben für die Ausstattung gewählt wurde. Im Zentrum des Spiegelgewölbes, das ringsum von zehn Stichkappen durchdrungen wird, steht die Darstellung des *Pfingstwunders*. Der Heilige Geist, der in Gestalt einer Taube vom Himmel fährt, sendet Flammenzungen aus, um die versammelte Gemeinschaft zu allgemeiner Verständigung zu führen. Da sich dieses wundersame Ereignis nicht auf die malerische Darstellung beschränken, sondern auf die beratende Chorherrengemeinschaft ausbreiten sollte, führte Bossi das Gabenmotiv in der Stuckatur fort. Schon den aufwendigen Rahmen des Deckenbildes lässt er flammengleich zucken und lodern, immer wieder lecken Rankenzünglein begierig in die Bildwelt hinein. Um ihn versammelt sind im Reigen die Darstellungen der *Sieben Gaben des Heiligen Geistes* in Zwickel- und Stichkappen-Flächen. Entlang der architektonischen Scharnierstellen schließlich drängt ein lohendes Wallen und Treiben des Ornaments bauliche Unstimmigkeiten zur Einheit.

Die *Sieben Gaben des Heiligen Geistes* sind biblisch fundiert. Jesaja prophezeit im 11. Kapitel das Kommen des vom väterlichen Geist erfüllten Messias. Dieser Geist äußere sich in der sechsfachen Gestalt von *Weisheit, Verstand, Rat, Stärke, Erkenntnis* und *Gottesfurcht*.[42] Die *Septuaginta* sowie lateinische Bibelübersetzungen fügten die siebte Gabe der *Frömmigkeit* hinzu.[43] Augustinus verquickt die *Sieben Gaben* mit den *Seligpreisungen*. Gregor d. Gr. entwickelte zudem das ethische Konzept vom Aufstieg über die sieben Stufen der Geistgaben hinauf zur Pforte des ewigen Lebens.[44] Die Früh- und Vorscholastik bereitete die Systematik des Thomas von Aquin vor.[45] Letzterer prägte die Vorstellung, wonach den *Sieben Gaben* eine katalytische Funktion bei der Erfüllung tugendhaften Handelns zukomme. Um die *Seligkeiten* der Bergpredigt verwirklichen zu können, bedürfe der tugendhaft veranlagte, aber aufgrund der Erbsünde defizitäre Mensch der göttlichen Unterstützung durch das Geschenk der *Sieben Gaben*.[46]

Bossi personifiziert die Gaben der *Wissenschaft*, des *Verstandes*, der *Weisheit*, der *Stärke*, des *Rats*, der *Gottesfurcht* und der *Frömmigkeit* durch sieben wolkenbevölkernde Putten, die sich mit den dazugehörigen Attributen beschäftigt zeigen. Dabei folgt er in groben Zügen einer Darstellungskonvention, die in einer Stichpublikation des Johann Georg Bergmüller (1688–1762) ihren damals wohl verbindlichsten Ausdruck gefunden

◁ Ehem. Kapitelsaal, Geistgabe der Wissenschaft

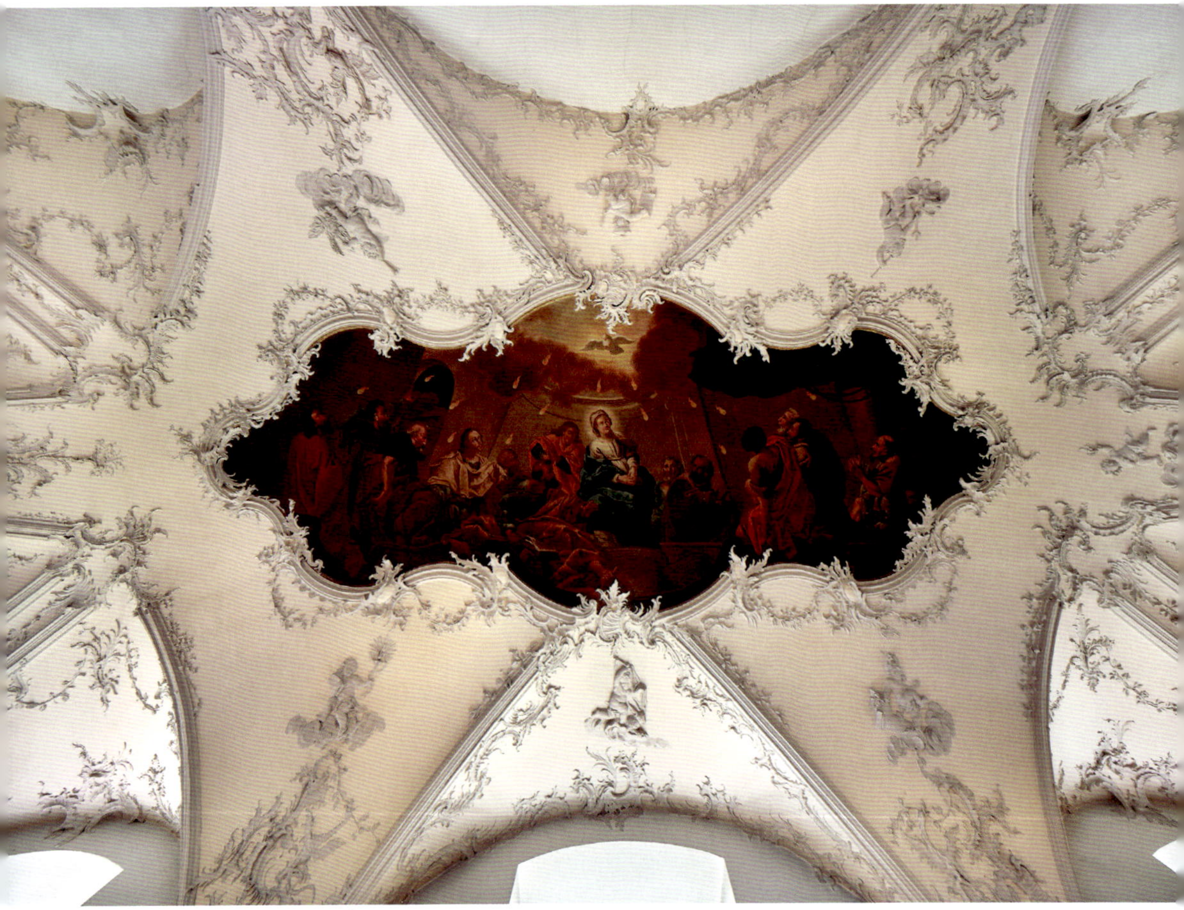

hatte.[47] Bossi gruppiert die *Sieben Gaben* architektonisch sinngebend. *Wissenschaft* und *Verstand* auf der Westwand sowie *Weisheit* und *Stärke* auf der Ostwand stehen sich symmetrisch auf ihren Zwickelfeldern gegenüber. Diese Zwickelflächen umgeben dabei gemeinsam das Raumzentrum und folglich auch die einander gegenüberliegenden Zentralstichkappen von Ost- und Westwand. In jeder dieser mittleren Kappen befindet sich eine weitere Tugend, die *Gottesfurcht* im Osten sowie der *Rat* im Westen. Dadurch schließt sich die Anordnung zu einem Kreis von sechs Tugenden im Raumzentrum, gegliedert in die Zwickel-Vierergruppe und das Paar in den Zentralkappen. Nur die *Frömmigkeit* steht für sich allein und bevölkert in herausgehobener Stellung den schmalen zentralen Zwikkel der Südwand. Es ist verständlich, dass bei der ungeraden Siebenzahl eine einfache symmetrische Anordnung nicht umsetzbar war. Doch Bossi positioniert nicht irgendeine Gabe alleine auf der Südwand, sondern ganz gezielt die *Frömmigkeit*. Wie eine Präsidentin ist sie an der Stirnseite des Beratungssaales platziert und erscheint dadurch als Gabe unter den Gaben. Die Wahl ist klug und leuchtet ein, denn wie sollten Entscheidungen in einem geistlichen Hause gefällt werden, wäre

△ Ehem. Kapitelsaal, Blick ins Gewölbe

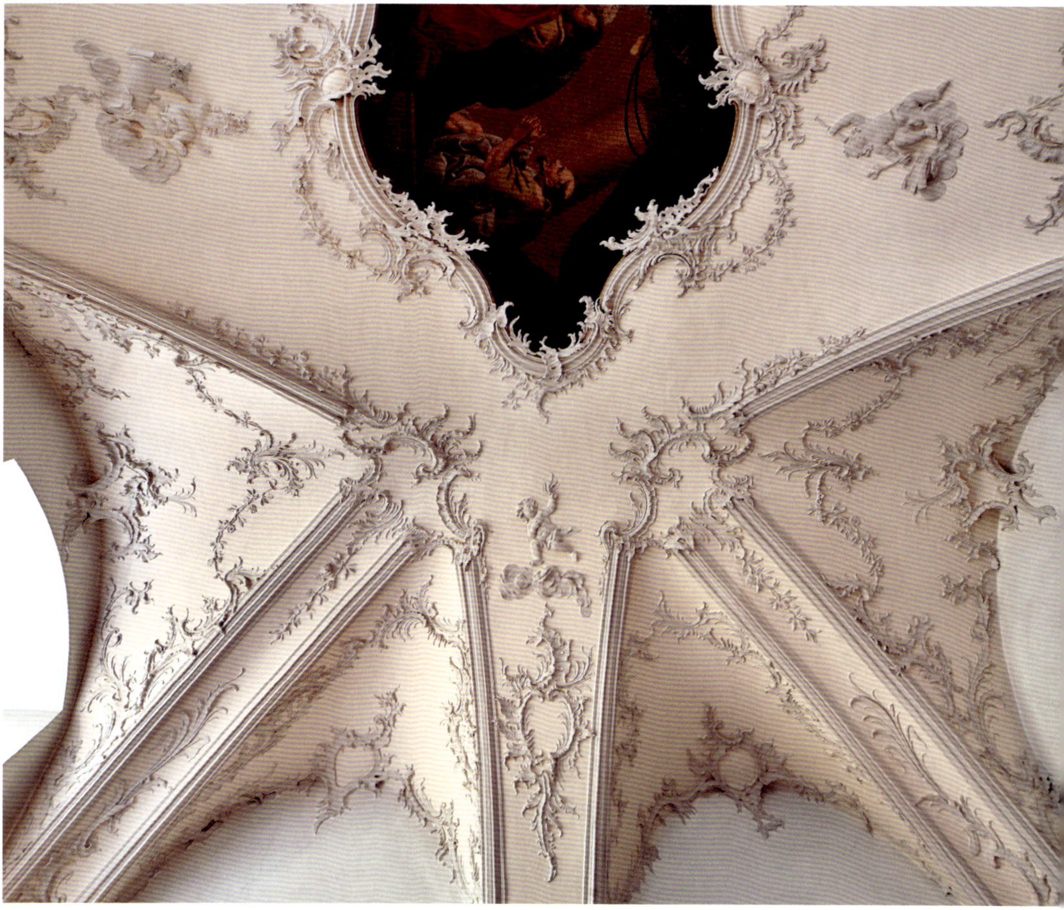

nicht *Frömmigkeit* aller Gaben natürliche Voraussetzung. So mag es bezeichnend sein, dass dem Putto der *Frömmigkeit* ein einziges Attribut, die Glaubensflamme, genügt. Seine sechs Genossen dagegen müssen sich mit mindestens zwei symbolischen Gegenständen befassen. Charakteristisch für die Glaubensflamme selbst ist zudem, dass sie unter allen Attributen der einzige Gegenstand ist, der nur schwerlich als Gegenstand bezeichnet werden kann, erschient sie doch viel eher als ein Vorgang und Prozess, denn als ein Ding. Zugleich greift dieses Flammenattribut das Heiliggeistflammen-Motiv des Gemäldes wieder auf. Sicherlich, auch die Fackel der *Weisheit* zeigt eine Flammenerscheinung, doch ist diese wesentlich komplexer gebildet als die schlichten Flämmchen des Deckenbildes und der *Frömmigkeit*. Zudem brennt die *Weisheits*-Flamme nur in der Fackel, nicht aber – wie bei der *Frömmigkeit* – unmittelbar in der Hand ihres Trägers. Schon das ist ein herausragendes Merkmal dieser Gabe, ist doch ihr Glaube eine heiße Flamme, die den Besitzer nicht verbrennen kann. Anders als die übrigen sechs Kinder, scheint also der *Frömmigkeits*-Putto ohne viel eigenes Zutun unmittelbare Eingebung vom Heiligen Geist

△ Ehem. Kapitelsaal, Südliche Gewölbepartie mit Geistgabe der Frömmigkeit

aus dem Gemälde empfangen zu haben. Deshalb auch gelingt es nur ihm, schreitend über seiner Wolke zu schweben, anstatt – wie die anderen – auf ihr stehen oder niedersitzen zu müssen.

So zwanglos sich die sieben Geistgeschenke mit ihrer ornamentalen und malerischen Umgebung verbinden, so wichtig ist doch gleichsam der von Bossi erzielte Zusammenhang aller Teile. Denn die Gaben sind entscheidende Vermittler zwischen Bild- und Ornamentwelt. So wird ein jede der sieben Personifizierungen in eine vertikale, dreiteilige Komposition eingewoben. Von unten her werden die Puttenwolken – mehr oder weniger direkt – von einem Rankenornament gestützt. Dieses Ornament sitzt – bei den vier Zwickel-Gaben – entweder auf den Gewölbefüßen des Spiegelgewölbes oder – im Falle der beiden Zentralkappen-Gaben – auf dem wandseitigen Scheitel der Kappe. In beiden Fällen stellt das Ornament eine wichtige Liaison von Wand und Gewölbe her. Nach oben hin streben die Kinder zudem stets nach einer Ornamentgestalt – zumeist nach einer Kartusche oder einer kartuschenartigen Agraffe –, welche im oder auf dem Deckenbildrahmen sitzt. Dadurch erhält ein jedes Gabenkind nicht nur seinen eigenen ornamentalen Ausgangs- und Zielpunkt. Vor allem ist dadurch gewährleistet, dass Wand, Gewölbe und die Welt des Gemäldes schlüssig zu einem aussagekräftigen Zusammenhang gebunden werden.

Innerhalb dieser dreiteiligen Grundanordnung differenziert Bossi nun nach architektonischen Gegebenheiten. So ist der Zusammenhang aus Ornament, Gabe und Bildrahmen-Ornament in den beiden Stichkappen enger gefasst als bei den Zwickel-Darstellungen. Für die *Frömmigkeit* ergibt sich zudem eine besonders großzügige Lösung. Architektonisch charakteristisch für die beiden zentralen Kappen in Ost und West ist, dass sie als einzige das Gemäldefeld mit ihren Spitzen anstechen. Bossi lässt deshalb mit geradezu biologischer Folgerichtigkeit die Rahmen-Membran aufplatzen und das fluide, bildhafte Kappen-Ornament in das Gemälde eindringen. Dabei wird die im Rahmen entstandene Öffnung durch das aus der Kappe dringende Ornament sofort wieder geschlossen. Es ist also die Form der Kappe, welche Spiegelgewölbe und Gemäldegrenze konfrontativ durchstößt und verletzt. Aber gerade dies macht möglich, dass der Kappeninhalt – bestehend aus bildhaftem Ornament – den entscheidenden Ausgleich zuwege bringt und die von der Form verursachte Verletzung lindert und heilt. Der Kappeninhalt gibt sich also dem Deckenspiegel und der Bildwelt hin, teilt sich diesen eingießend mit. Dadurch gelingt es Bossi, den architektonisch provozierten Konflikt der unterschiedlichen Gewölbe zu einem leidenschaftlichen Erlebnis zu machen, bei dem sich die Kappen ihrem Spiegel nicht nur der äußeren Gestalt, sondern gerade auch ihrem innerstem Wesen nach einverleiben. Folglich muss das Bild auch nur soviel Kappenartigkeit in sich einlassen, wie es bildtypische, quirlig-lodernde Lebendigkeit an den Eindringling, d. h. die Kappenspitze, abtritt. Schließlich ist nicht nur diese Spitze selbst in der kartuschenartigen Agraffe vitale Lebensform geworden, die den organischen Vorgängen der Bilderzählung ganz und gar entspricht. Auch die Außenhaut des Bildes platzt sehr gezielt und bewusst unter dem Druck der Spitze auf, indem sie sich auf der einen Seite durch die Einrollung einstoßen lässt, auf der anderen aber durch Ausrollung dem Eindringling gunstvoll zuwendet. Dank dieser Zuneigung des ausrollenden Rahmens entfacht sich erregtes Leben im Ornamentgehalt der Kappe, welche sich entsprechend angeregt dem reizenden Bilde anvertraut. An diesen ungeahnt sinnlichen Akt der Vermählung sind nun die Gabendarstellungen schlüssig angebunden. Das Kind der *Gottesfurcht* möchte sich unter seinem Tuche verstecken, wie der Angsthase unter dem Kinde. Dabei verfängt sich das Textil im Agraffenornament der Kappenspitze, was die gesamte Darstellung auf der Wolke in gefährliche Schräglage bringt. Aufgeregt begleitet das kartuschenähnliche Ornament

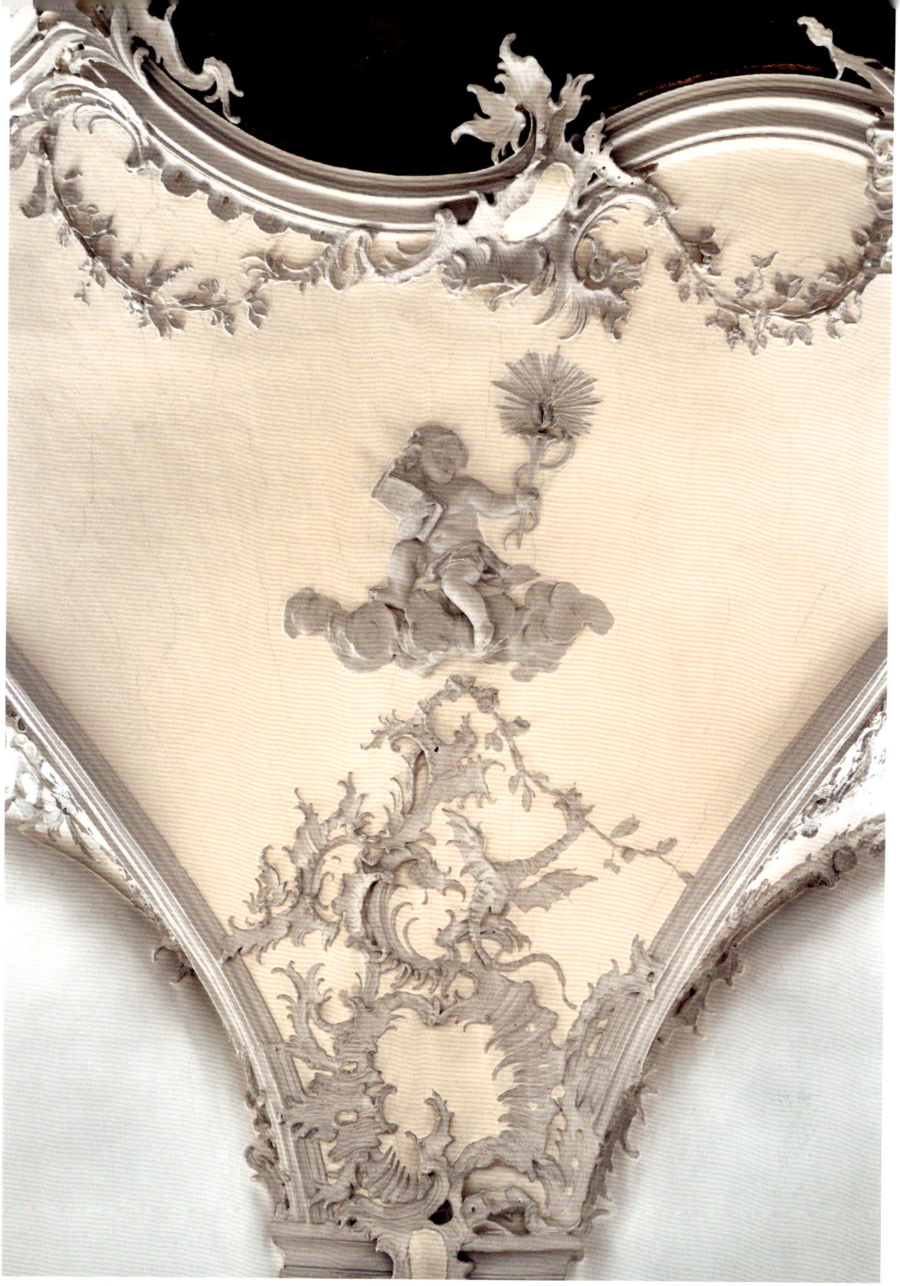

unter der Wolke die schief gelagerte Szene und bindet sie agraffierend an den Übergang zur Fensterwand. Zugleich ist die Geschichte von Putto und Tuch engstens in das vitale Austauschereignis von Kappe und Bild eingeflochten. Durch das Ziehen des Kindes am Tuche wird ein allzu grobes Vordringen der Kappenspitze ins Bild verhindert. Aber gerade dieses Eindringen seinerseits lüftet den Schleier und stellt damit Ängstlichkeit und Furcht bloß. Dem *Rat* in der Zentralkappe gegenüber ergeht es auf gleiche Art und Weise doch anders. Ausgestattet mit Ratshut, Feder und besiegelter Urkunde schreitet er stolz und selbstbewusst über seine Wolke hinweg. Zwar züngelt auch hier der Agraffen-

△ Ehem. Kapitelsaal, Geistgabe der Weisheit

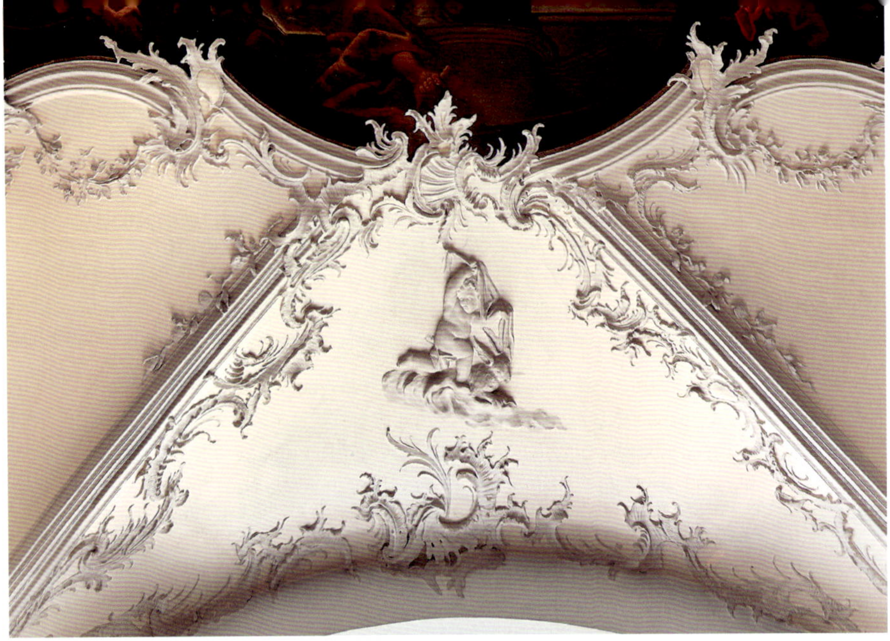

schweif der Kappenspitze zum Putto herab, doch ohne ihn zu bedrängen oder in eine problematische Lage zu versetzen. Offenbar wird sein Stolz sogar noch zusätzlich dadurch erhöht, dass sich selbst das kartuschige Agraffenornament unter ihm bedürftig nach der schlau besiegelten Urkunde reckt. Gerade aber in diesem indirekten Verhältnis zum Ornament stecken die intimsten Beziehungen. Denn die von der Kappenwölbung zur Westwand herabvermittelnde Agraffe unter der Szene besitzt, anders als gegenüber, einen kleinen Kartuschenfortsatz. Dies führt das gesamte Agraffenornament unter der *Rats*-Wolke in eine auffällige Schräglage, die bereits in der Kinderszene kompositorisch angelegt ist und auch von der Agraffe der Kappenspitze, die mit ihrer Mittelranke den linken Flügel der Heiliggeisttaube berührt, inmitten des Gemälderahmens aufgegriffen wird. Dieser insgesamte schräge Zug der Anordnung in der Rats-Kappe erklärt sich nur aus dem größeren, architektonischen Zusammenhang. Denn dem schlecht beratenen Architekten geriet die Eingangstüre in den Beratungssaal zu weit nach Süden von der Raumitte und ihrer Stichkappe fort. Auf diese Verrückung der Tür zielt die gesamte, dreiteilige Kappen-Komposition Bossis, mit deren Hilfe er die Heiliggeisttaube dank der Gabe des *Rates* und der darunter befindlichen Agraffe mit Kartuschenfortsatz schlüssig an den Ratssaal-Eingang knüpfen kann. Bei solch verrückten Baubedingungen musste guter Rat also einstmals sehr teuer gewesen sein. Gut beraten war dann aber gottseidank jener, der diese uns so teure Lösung erwirkte. Denn in ihr erweist sich der Eintretende als der fehlende Baustein im Gefüge des Heiligen Geistes.

Die Gaben-Vierergruppe auf den umgebenden Zwickelfeldern erweitert diese Gegenüberstellung der Zentralkappen zum Reigen. Wilde Rocaille-Rankenhecken, durch eine Kartusche mit der Wandfläche verknüpft, steigen vom Gewölbefuß auf und geben den Putten-Wolken beim Gleiten hinauf zum Gemälderahmen ein sachtes Fundament. Dabei vervollständigt sich das schier unbezähmte Ranken jeder Ornamenthecke erst in der Gestalt eines Drachen, der ebenso sehr rankender Bestandteil des dekorativen Gewächses wie eigenständig sich darin bewegende Tiergestalt ist. Bossi, der diese Wesen hier ebenso nach Geschlecht wie nach enten- oder greifvogelartigem Maultypus unterscheidet, macht die Drachen zu wesentlichen Bestandteilen der Hecken. Die Tiere wecken durch ihre wildbewegt chaos-

△ Kapitelsaal, Östliche Zentralstichkappe mit Geistgabe der Gottesfurcht

nahe Natur jenes unruhig wogende Wuchern der ineinander sich verflechtenden Ranken, das dann – ist es erst einmal durch die Tiere hervorgekitzelt – die kleinen, aufbegehrenden Monstren in sein verschränktes Geflecht einfängt und bezähmt.[48] In ihrem emporgewundenen wie eingeflochtenen Dasein haben die Drachen wesentlichen Anteil an der arabesken Aufwärtsbewegung der Ornamenthecken. Sie endet in einer Zuspitzung, welche auf die Putten-Wolke verweist oder, wie im Falle der *Stärke*, themengerecht kraftvoll in diese einfährt. Die Kinder auf ihren Wolken reagieren – physikalisch korrekt – nach dem Trägheitsgesetz. Sie nehmen nur soviel Aufwärtstendenz an, wie ihrer eigenen Lage und Tätigkeit auf der Wolke zugutekommt. Schließlich sind die Gaben-Allegorien selbst halb Menschendarstellungen und halb Ornamente. Ihnen gebührt die entscheidende Vermittlung zwischen architekturgebundenem Ornament und fiktivem Handeln der gemalten Menschen im Deckenbild. Deshalb muss sich das Ausgreifen der Rankenhecken und Drachen nach der fernen Höhe des Gemäldes den Zwischenaufenthalt im Dasein und Tun der verschiedenen Gaben gefallen lassen. Entsprechend bindet das *Wissenschafts*-Kind allen Aufwärtsdrang durch die Fernrohrbeobachtung an sein Schreiben zurück, der nach dem Gemälde strebende *Verstand* heftet den eigenen Geist an die Bändigung des besiegten Jupiter-Adlers, das Hinauflodern der *Weisheits*-Flamme bleibt in der Heiligen Schrift verankert und das kraftvolle Emporschreiten der behelmten *Stärke* stößt sich letztlich vom Sturz der heidnischen Säule ab.[49] Aber das, was die vier Gaben-Kindlein aus der Höhe des Gemäldes – vermittels der Rahmenkartuschen – zu sich auf die Wolken herabziehen und dem Aufwärtsdrang der Ranken und Drachen zuführen, das ist die Hingabe des Geistes an das Leben auf Erden. Weit mehr als Bergmüllers statuarische Repräsentanten ist der Heilige Geist in Oberzell durch kompositorische Einwebung in die Architektur und ihren ornamentalen Schmuck tatsächlich existentiell geworden.

Auch die alleinstehende *Frömmigkeit* auf der zentralen Spiegelgewölbebahn zwischen den südlichen Schmalwandkappen wird Teil eines derartig dreiteiligen Aufbaus, welcher den Gewölbefuß zum Gemälde hin überbrückt. Ein großes Kartuschenornament aus Ranken leitet die Aufmerksamkeit zur Wolkenbank hinauf, über der sich der Putto mit Glaubensflamme freudig bewegt. So wie die Kartusche in ihrer Spitze nur beinahe die Wolke berührt, so tritt auch der rechte Fuß des Kindes nicht wirklich auf die Wolkenbank nieder. Letztere schwebt also genauso über der Kartusche, wie der Putto über der Wolke. Dabei hebt das Kind sich selbst und uns Betrachtern die aus seiner linken Hand hervorbrennende Flamme zur Andacht vor Augen und legt die Rechte vors Herz auf die Brust. Aber nicht das Kind, sondern die Flamme rückt ins Zentrum der Aufmerksamkeit. Dieser Fokus hat seinen Grund in Bossis Auffassung der Architektur. Je zwei über eck benachbarte Stichkappen begegnen sich hier, ohne eine faktische Vereinigung zu erreichen. Bossi vermählt diese übereck stehenden Kappen jeweils durch eine ausladende, unregelmäßig bewegte Gelenkkartusche und schafft dadurch sogleich einen Zusammenhang aller vier Kappen um die zentrale *Frömmigkeits*-Gewölbebahn. Dank der Gelenkkartuschen prägt der neue Zusammenhang aller vier Kappen nun eine Art Bildzone aus, in der die Glaubensflamme zur Protagonistin wird. Hauptdarstellerin ist die Flamme aber nur, weil sie von sich selbst hinweg dem Herabzüngeln des Gemälderahmens entgegenlodert und damit ein starkes Magnetfeld zwischen Bild- und Ornamentwelt etabliert. Dieses Magnetfeld besteht jedoch nicht nur exklusiv zwischen Bild und *Frömmigkeits*-Bahn. Auch das Lohen der flammenartig ausgreifenden Gelenkkartuschen sehnt sich gemeinsam nach dem Zusammenhang mit Gemälde und Glaubensflamme. So passt sich das Gemäldefeld in Gestalt seiner schmalen, südlichen Abrundung wie ein Schlüssel ins Schloss der Gegenform – bestehend aus den vier im Spiegelgewölbe um die *Frömmigkeit*

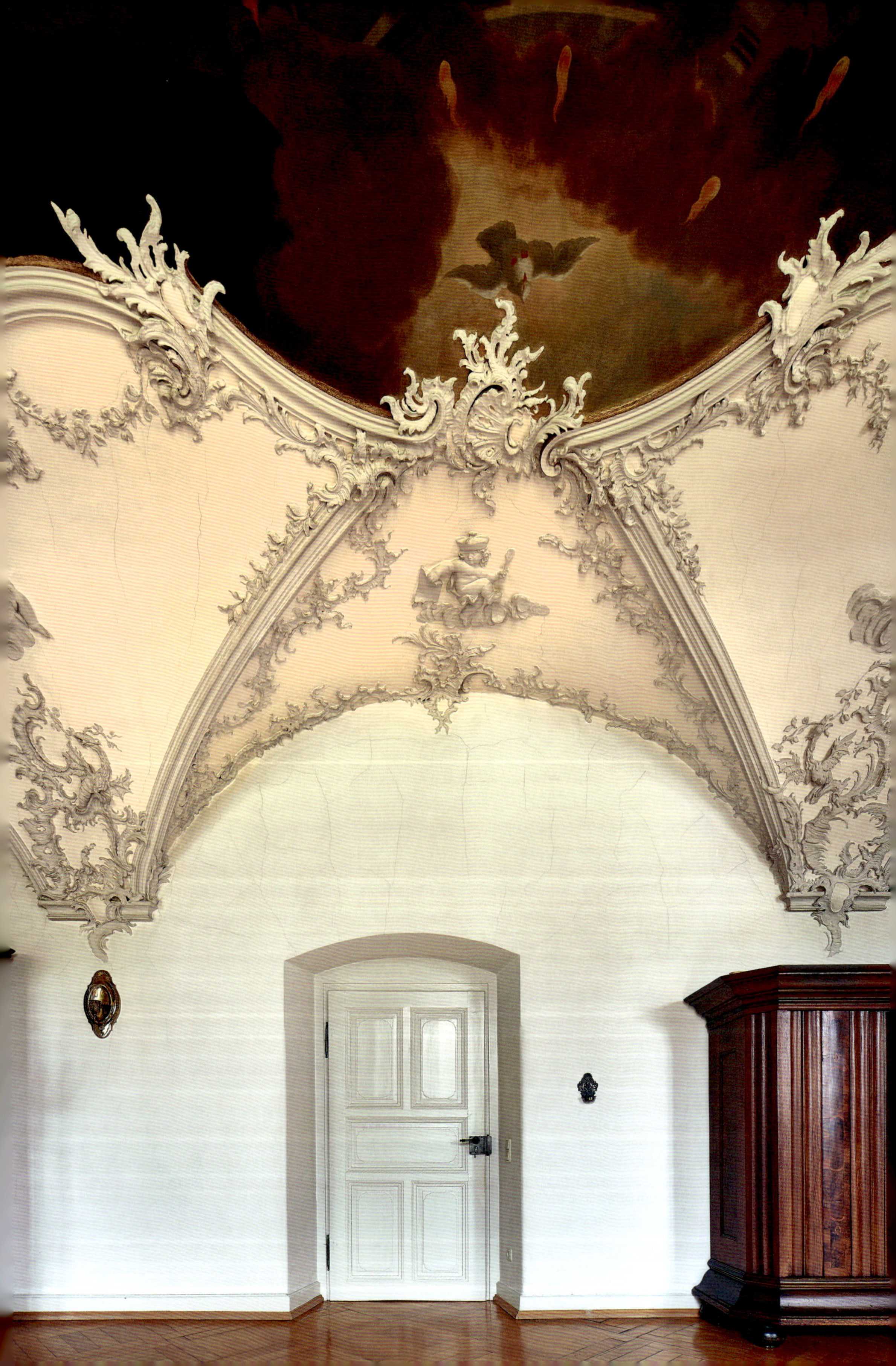

versammelten und vereinten Kappen – und vergegenwärtigt, wie sehr nicht nur verschiedene Raumrichtungen zum einheitlich überwölbten Saal zusammenkommen, sondern wie stark gerade die imaginäre Vorstellungswelt des Gemäldes den Schlüssel für das Gelingen dieser Zusammenkunft bereithält. Da die Einzigartigkeit der *Frömmigkeit* auf der Südwand keine Doppelung und Wiederholung im Norden verträgt, variiert Bossi das Thema unter Vermeidung von Konkurrenz. Die Kartusche der zentralen Spiegelgewölbebahn rückt zwar auch hier einen bildhaften Gegenstand ins Zentrum der Bildzone zwischen den vier ornamental vereinten Kappen und dem Gemälde. Diesmal ist es jedoch ein unauffälliger, kleiner und alleinstehender Blumenstrauß, der direkt aus der Kartusche hervorwächst. Ohne also der *Frömmigkeit* ihre Präsidialstellung streitig zu machen, ist dieser Strauß dennoch innerhalb des Ornamentsystems – darin der Gabe gegenüber durchaus folgend – von zarter Einzigartigkeit.

Eine besondere Faszination strahlen auch jene Kartuschenleiber aus, die sich in den wandseitigen Kappenscheiteln als Vermittler zwischen Wand und Gewölbe engagieren. Bossi fasst sie durch und durch organisch auf. Wie Meeresgetier greifen sie von der glatten auf die gewölbte Fläche über und lassen gewagt viel Luftraum hinter sich und vor den Kanten entstehen. Gerade dadurch wirken sie körperlich gespannt, elastisch und flexibel, Eigenschaften, die ihre Brückenfunktion in den Härten der Architektur überzeugend und wohltuend werden lässt. Bossi differenziert in diesem Kontext erneut sehr feinsinnig zwischen Längs- und Schmalwänden dank kantig bzw. rund geschlossener Kartuschen, wobei sich die Kantigkeit stets nur als konstruktive Umwandlung der Rundheit und umgekehrt erweist. Für die beiden zentralen Längswand-Kappen mit Gaben-Darstellung sieht er zudem eine Sonderform der kantigen Kartusche vor. Zugleich haben diese wesenhaften Gebilde stets auch die Aufgabe, eventuell verrückte Zusammenhänge von Fenstern und Kappen erneut ins Lot zu bringen.

◁ Ehem. Kapitelsaal, Westliche Eingangssituation mit Zentralstichkappe und Geistgabe des Rates

41 Koch, Laurentius: *Kapitelsaal*, in: LThK Bd. 5 (1996), Sp. 1216 f.

42 Vereinzelt treten diese oder andere Geistgaben auch noch an weiteren Stellen des Alten und Neuen Testaments auf; Hilberath, Bernd Jochen: *Gaben des Heiligen Geistes*, in: LThK Bd. 4 (1995), Sp. 253; Horst, Ulrich: *Die Gaben des Heiligen Geistes nach Thomas von Aquin*, Berlin 2001, S. 23.

43 Hilberath, LThK Bd. 4 (1995), Sp. 253; Horst, GABEN 2001, S. 23.

44 Hilberath, LThK Bd. 4 (1995), Sp. 253.

45 Hilberath, LThK Bd. 4 (1995), Sp. 253 f.; Horst, GABEN 2001, S. 23 ff.

46 Hilberath, LThK Bd. 4 (1995), Sp. 253 f; Horst, GABEN 2001, S. 41–42, 168, 178 f.

47 Bergmüller, J. G.: *Septem Dona Spiritûs Sancti. Das ist: Die Siben Gaben des H. Geists, Vorgestellet in Siben Statuen, welche von Mahlern, Bildhaueren, Stucatoren beliebend können applicirt werden etc.*, vermtl. Augsburg (ohne Datum); für den entsprechenden Hinweis danke ich Dr. Andreas Gamerith, Archivar und Bibliothekar des Stiftes Zwettl.

48 Wie Anm. 24–28.

49 Die Attribute erklären sich aus der damaligen Darstellungskonvention, deren grundsätzlich antiheidnische Stossrichtung aus J. G. Bergmüllers Stichpublikation ersichtlich wird. (wie Anm. 47)

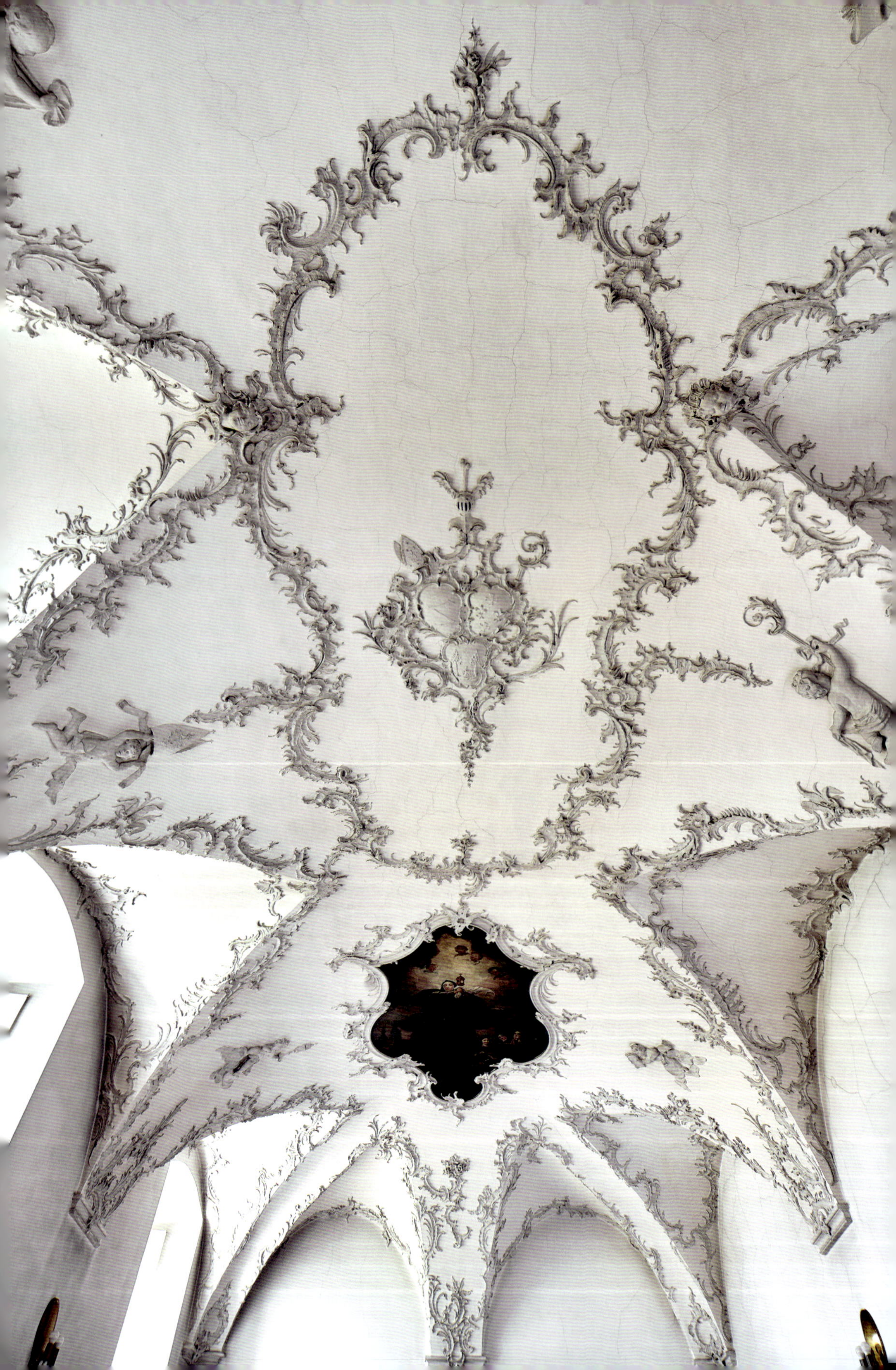

DIE EHEMALIGE SAKRISTEI

Die nördlich des Kapitelsaals gelegene ehemalige Sakristei schließt unmittelbar an das südliche Querhaus der Abteikirche an. Als Aufbewahrungsort der liturgisch relevanten Bücher, Geräte und Gewänder war sie zur Versammlung aller Personen bestimmt, die sich für die Durchführung der Messfeier entsprechend einkleiden und ausstatten mussten. Es war dies aber auch der Ort für die geistliche Vorbereitung des Gottesdienstes durch den sog. Akzess, das fakultative Rüstgebet zur inneren Einstimmung auf das Messgeschehen.[50] Der heute anderweitig genutzte, langestreckte Raum hat seine vorzügliche Deckenstuckierung vollständig erhalten. Ursprünglich befand sich der Eingang auf der Mitte der Westwand. Die Kirche wiederum konnte über einige Treppenstufen hinweg durch die westliche Nordwand betreten werden.

Der verhältnismäßig lange und schmale Saal verzahnt einen umlaufenden Stichkappenkranz mit dem Spiegelgewölbe, das zwei Deckengemälde trägt. Die Fensterreihe der Ostwand bestimmt dabei die Anzahl der Kappen auf den beiden Langswänden, was die symmetrische Anordnung von zwei Kappen je Schmalwand zur Folge hat. Der Fensterrhythmus wird vom Aufbau der Außenfassade, d. h. vom Wechsel der Risalite und Rücklagen bestimmt. Deshalb treten zwischen den Fenstern unterschiedliche Wandbreiten auf, die im Innern eine chaotische und gänzlich asymmetrische Taktung der Fensterreihung ergeben. Die Kappen reagieren darauf so gut sie können, müssen aber hie und da deutliche Verschiebungen zu den von ihnen beherbergten Fenstern hinnehmen. Wie schon in den anderen Räumen des Klosters, überzieht Bossi auch hier die neuralgischen Achsen und Punkte mit einem feinen Nervensystem aus Stuck, das dem an sich etwas schwerfälligen Gewölbetypus besondere Leichtigkeit und Eleganz verleiht. Dieses umlaufende Rankennetzwerk verbindet Gewölbefüße und Deckenspiegel vermittels der Wölbgrate. Dabei werden die beiden relativ weit voneinander entfernten Gemälde durch einen zentralen Deckenspiegel aus Stuck, der selbst wie ein Bild das Abtswappen des Auftraggebers in sich birgt, einerseits logisch verknüpft und doch in ihrer separaten Lage verständlich.[51] Sämtliche Zwickelflächen des Spiegelgewölbes zwischen den Kappen der Längswände – es sind dies acht an der Zahl – hat Bossi mit Putten besetzt, welche liturgische Gegenstände und Kleidungstücke präsentieren bzw. herbeitragen. Dadurch ist die Funktion als Sakristei klar kommuniziert. Die schmaleren Zwickel in der Mitte einer Schmalwand dagegen zeigen einen Blumenstrauß, während die besonders schmalen Eck-Zwickel bereits zur Genüge durch das umlaufende Rankennetzwerk dekoriert sind.

Bossi gliedert seine acht Putten in zwei Gruppen, eine zentrale Vierergruppe aus

◁ Ehem. Sakristei, Blick ins Gewölbe nach Süden

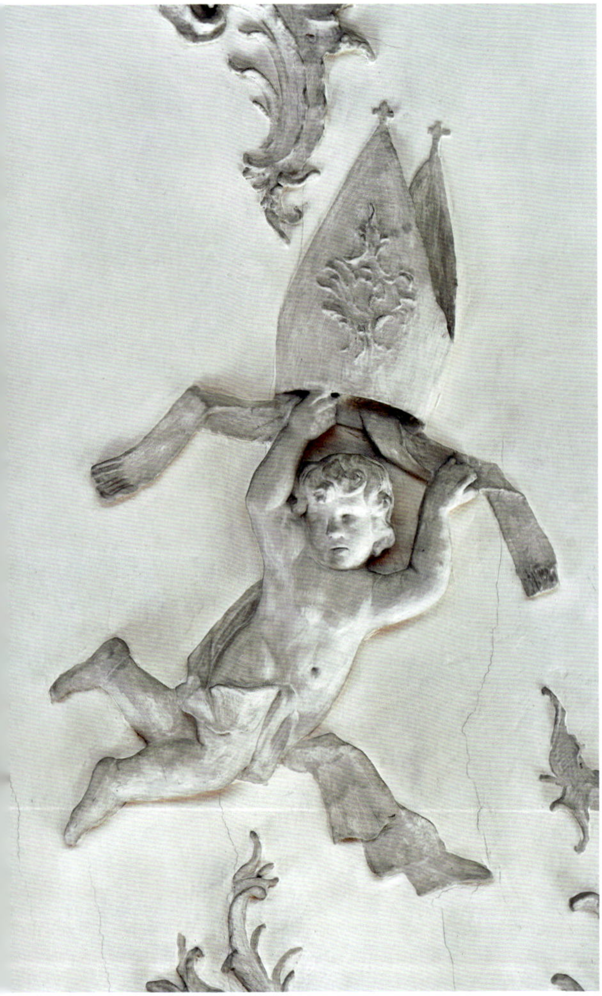

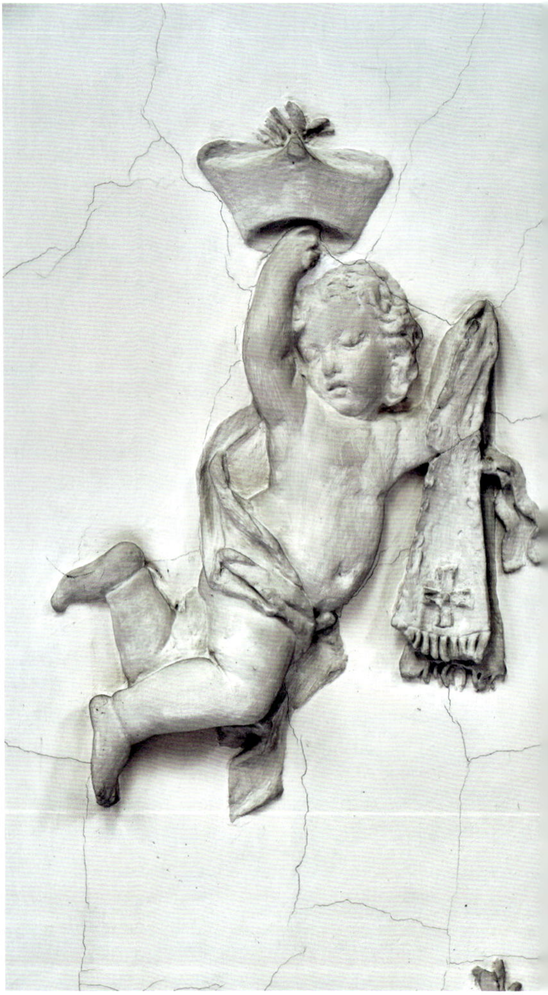

größeren, sich plastisch stark von der Wand abhebenden, frei fliegenden Kindern und eine rahmende Vierergruppe aus kleineren Putten auf Wolkenbänken, welche – paarweise auf Nord und Süd verteilt – den Reigen von außen her beschließt. Die freifliegenden Putten im Zentrum des Raumes wurden nicht zufällig stattlicher ausgebildet und zu einer klar geschlossenen Gemeinschaft zusammengefasst. Es ist das Loschert-Wappen in der Deckenmitte, das sie magnetisch anzieht, zumal ihnen der Ehrendienst vorbehalten bleibt, die für das Pontifikalamt notwendigen Kleidungsstücke und Insignien des Abtes herbeizubringen. Dem sich auf die Messfeier vorbereitenden Abt tragen sie Krummstab,

△ Ehem. Sakristei, Putto mit Abtsmitra

△ Ehem. Sakristei, Putto mit Birett und Stola

Birett, Stola, Pektorale und Mitra zu, ein Vorgang, der auch in der Realität des 18. Jahrhunderts allein auserwählten Personen in der Sakristei vorbehalten war. Die Wolkenputten ihrerseits fügen das grundsätzlich für jede Messe benötigte Gerät hinzu, ein Buch als Hinweis auf die liturgische Literatur, ein Weihrauchschiffchen, das dazugehörige Fass und den Hostienkelch. Zu diesem Figurenpersonal gesellen sich noch zwei weitere, jedoch etwas weniger auffällige Kinderköpfe. Sie besetzen die Spitzen der beiden mittleren Längswandkappen und gehören jenem verinnerlichten und naturnahen Gesichtstypus an, den wir schon im »Zimmer von Wachen und Träumen« sowie im Winterrefektorium bewundert haben. Die Hervorhebung der mittleren Stichkappe der westlichen bzw. östlichen Längswand durch eines dieser eigentümlich berührenden Kindergesichter mag uns zunächst rätselhaft erscheinen, verfolgt aber ein klares, kompositorisches Ziel innerhalb der gegebenen Architektur. Denn nur den beiden genannten Kappen ist es möglich, den gewappneten Stuckspiegel mit einem Durchstich zu bedrohen. Bossi thematisiert und löst den beginnenden Konflikt von Kappe und Stuckrahmen durch das ebenso verbindende wie gelenkartig abfedernde Element des Kinderkopfes und zwar nicht nur der Form, sondern auch dem sich ereignenden Vorgange nach. Es ist beachtlich, wie widerspruchsfrei die Kinderhäupter dabei zur logischen Fortsetzung der Kappenarchitektur werden und wie sehr sich die Kappen wiederum durch die Köpfe mit humanen und leiblichen Eigenschaften beseelen. Mitverantwortlich dafür ist ein unerwartet sinnliches Rankenspiel, das die Köpfe aus seiner Geborgenheit nachdenklich freisetzt. Reizend liebkost das Ranken umwerbend die Häupter und Kappenspitzen als etwas, das überaus bemerkens- und schützenswert erscheint. Das pflanzliche Ornament wird damit zur Geste, die den Wölbgraten folgend Gesetze des Architektonischen befreit und dem Menschenantlitz seinen tieferen Daseinsgrund im Baukörper weist. So kann

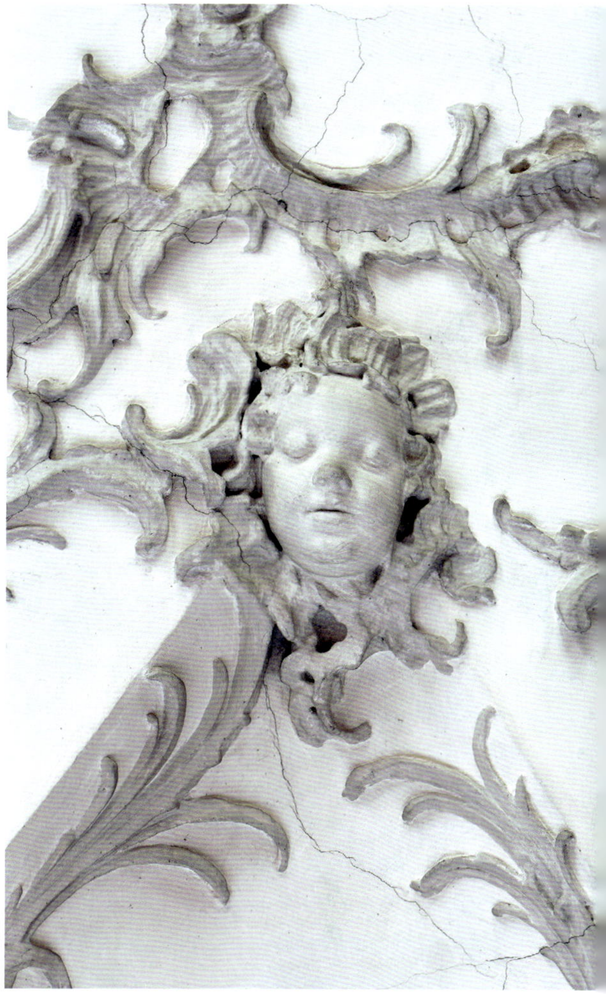

Bossi vermittels der Kinderhäupter eine ideelle Raummitte kennzeichnen, die aufgrund des verschobenen Fensterrhythmus soeben im Begriff ist, ihre Funktion als Zentrum einzubüßen. Hätte der Architekt der Sakristei die Fenster und Kappen der Längswände gleichmäßig auf den Wänden verteilt, müssten sich die mittleren von fünf Kappen ex-

△ Ehem. Sakristei, Zwischen Stichkappe und Wappenfeld vermittelnder Knabenkopf mit Rocaille-Ornament

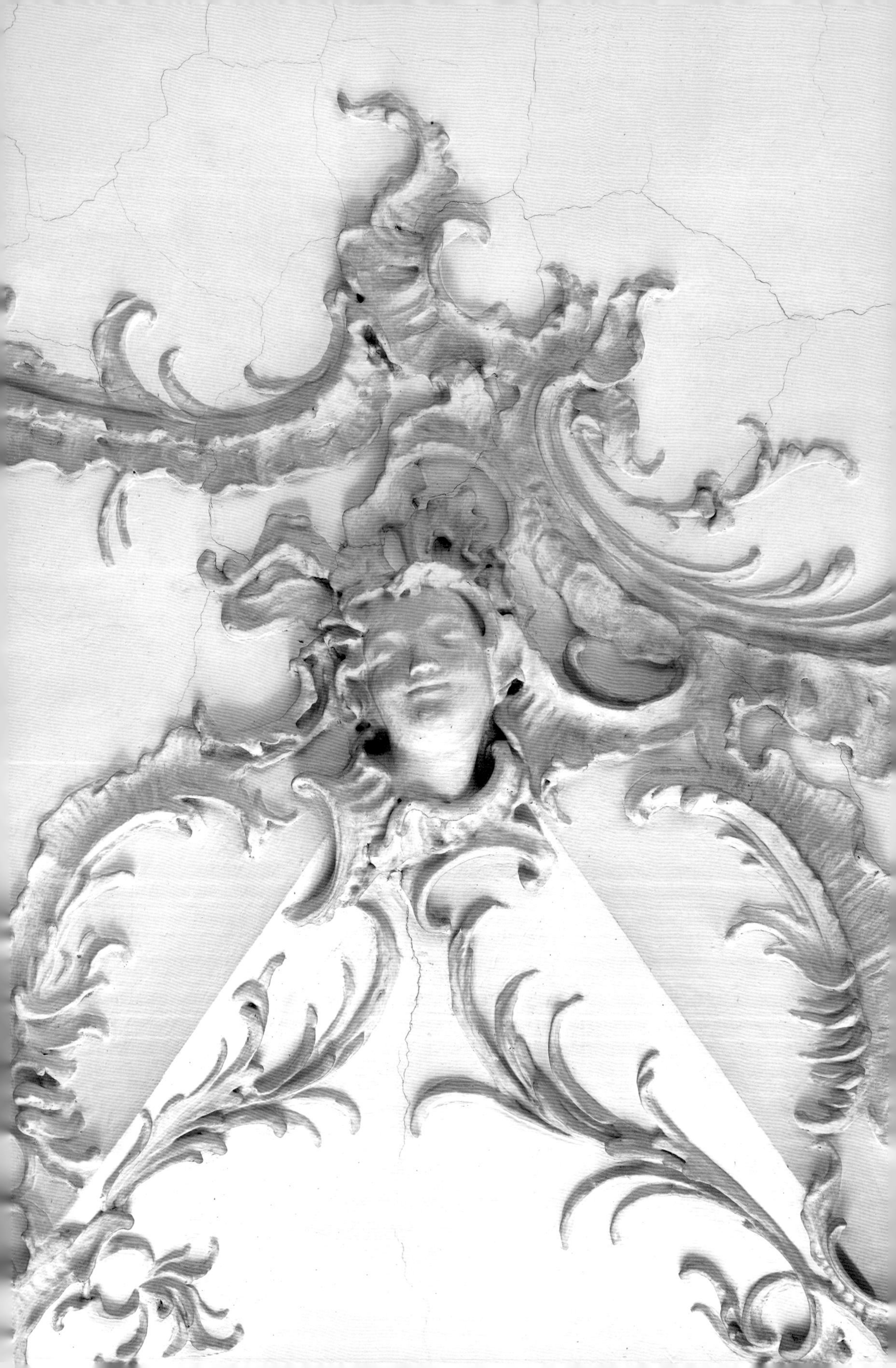

akt auf den Raummittelpunkt in der Decke zuspitzen. Da der Rhythmus jedoch wegen der unterschiedlichen Wandbreiten nach Norden hin völlig verschoben ist, müssen die beiden Kappenspitzen diese Mitte verfehlen. Dank der Stuckköpfchen aber nähert Bossi die mittleren Kappen ihrer Zentralfunktion wieder an, indem er sie einerseits durch die Gesichter besonders auszeichnet und anderseits an den mittigen Stuckdeckenspiegel zurückbindet, der mit seinem zentralen Abtswappen sowohl die ideelle Raummitte darstellt als auch den faktischen Mittelpunkt der Decke in sich birgt. Indem der Künstler dabei im südlich angrenzenden Zwickel die einander gegenüber begegnenden Putten mit Krummstab und Mitra – die einzigen Pontifikalien, die auch im Wappen auftreten – durch plastische Präsenz und tiefe Lage besonders gewichtet und sie vermittels einer langen Ranke zudem bewusst an den Stuckdeckenspiegel knüpft, schafft er ein zweites ideelles Raumzentrum, das gemeinsam mit demjenigen der beiden Kinderköpfchen zu einer Balancebewegung um die geheime Raummitte im bewappneten Stuckdeckenspiegel zusammenfindet. Dass diese Verbindung nun symbolisch um ihren Auftraggeber und väterlichen Vorsteher kreist und in seinem Namen alles Auseinanderstrebende von Bildwelt, Dekor und Architektur zusammenhält, das ist mehr als barocke Huldigungsformel. Es ist die Einsicht in jene Tatsache, die Auftraggeberschaft und Vaterrolle ins Auge des aufmerksamen Betrachters legt.

50 Heinz, Andreas, LThK Bd. 8 (1999), Sp. 1464 f.

51 Inwiefern es sich bei den Motiven der Deckenbilder von Eulogius Böhler um völlige Neuschöpfungen des Jahres 1902 handelt, ist nicht ganz eindeutig, vgl. dazu: Emmert, KLOSTER OBERZELL 2010, S. 24.

◁ Ehem. Sakristei, Zwischen Stichkappe und Wappenfeld vermittelnder Mädchenkopf mit Rocaille-Ornament

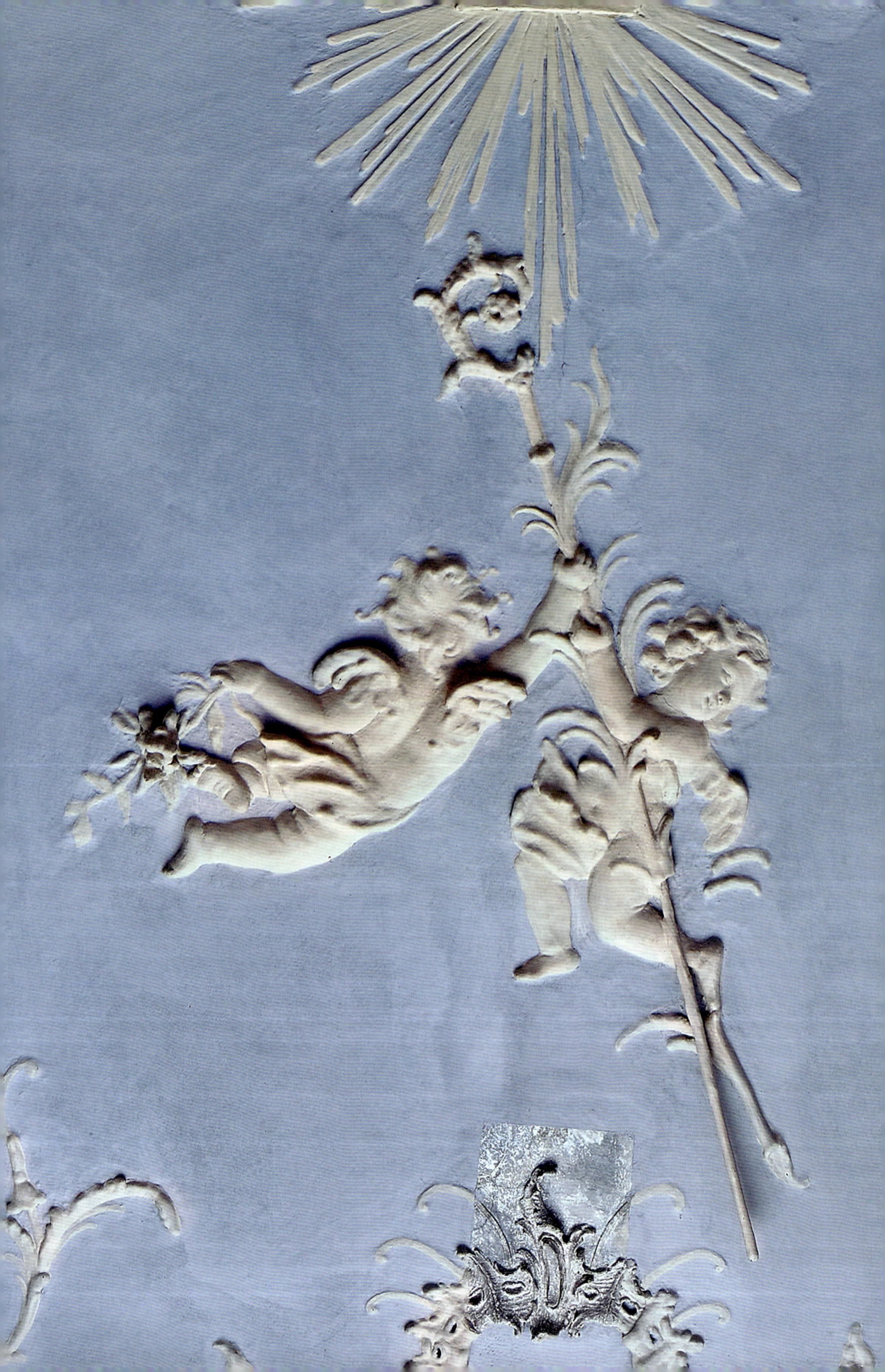

OBERZELL – DAS LETZTE GROSSE STUCKENSEMBLE DES ANTONIO BOSSI

Antonio Bossi war, dies hoffen die vorangegangenen Ausführungen beleuchtet zu haben, ein von seiner Aufgabe durchdrungener und zutiefst verantwortungsbewusster Künstler. Allein dieser Qualitäten wegen sucht er unter den Stuckateuren des 18. Jahrhunderts seinesgleichen. Als Meister in einem Metier, das in der allgemeinen und wissenschaftlichen Wahrnehmung noch immer allzu gerne an den Rand gedrängt und trivialisiert wird, bleibt er ein heilsamer Stachel im Fleisch kunsthistorischer Disziplinierung.

Was aus Bossis Hand hervorging, das löste räumliche Beengtheit und schlichtete architektonische Konflikte, das ließ ineinander verkeilte Bauglieder aufatmen und heilte bauliche wie ästhetische Wunden. Dabei versorgte der lombardische Stuckateur das abstrakteste Ornament und dessen zeichenhaften Charakter mit dem strömenden Saft der Tier- und Pflanzenwelt, ein Kraftstrom zumal, der die verrücktesten Glieder im Raumgefüge auf ihre organischen Gesetze zurückführte. Er machte den Menschen zum Zentrum handelnder Allegorie und vermittelte flache, illusionistische Bilderzählungen an die körperlichen Tatsachen eines ornamenterfüllten Raumes, den wir über Generationen hinweg wimmelnd – und selbst wie Ornament – bevölkern und zu unserem eigenen Vorteil gebrauchen. Aus diesem Vorteil erwächst daher unsere gesamte Verantwortung gegenüber Antonio Bossi.

Was er in Oberzell hinterlassen und was die Zerstörungen von Krieg und Umbauten heil überstanden hat, das orientiert uns Besucher, es lenkt unsere Wahrnehmung und geleitet uns durch einen Bau, der von Beginn an dem größeren Nutzen der Gemeinschaft, ja ihrem eigentlichen Heil zugedacht war. Keinem Geringeren als dem Erzengel, Seelenwäger und Drachentöter St. Michael geweiht – den der junge Bossi im Abteitreppenhaus von Ottobeuren eindrucksvoll als Überwinder Satans dargestellt hat – ist Kloster Oberzell immer auch ein Ort der Hinführung auf das heilsame Ziel des eigenen Daseinsgrunds. Erkennt man im Stuck von Oberzell, wie die Vermählung von starker Beobachtungsgabe und tiefer Reflexionsbereitschaft ihre heilenden Wirkungen in den Unwägbarkeiten des Vorgefundenen freisetzt, dann besitzt man darin – getroffen von Intelligenz und Schönheit dieser Schöpfungen – ein Vorbild, dessen Nutzung oder Missachtung dem Erwägen einer jeden Seele selbst überlassen bleibt.

◁ Abtskapelle, Zwei Engel mit Krummstab

Umschlagsvorderseite: Ehem. Sakristei, Putto mit Abtsmitra.

Umschlagsrückseite: Ehem. Sakristei, Zwischen Stichkappe und Wappenfeld vermittelnder Knabenkopf mit Rocaille-Ornament.

Frontispiz: Zimmer der Naturkräfte, Rankendetail mit Wappen von Oberzell.

Abbildungsnachweis:
Alle Aufnahmen Peter Eberts, Bamberg.

Druckprodukt mit finanziellem
Klimabeitrag
ClimatePartner.com/10951-2407-1013

Bibliographische Informationen der Deutschen Nationalbibliothek:
Die Deutsche Nationalbibliothek verzeichnet diese Publikation in der Deutschen Nationalbibliographie; detaillierte bibliographische Daten sind im Internet über https://dnb.de abrufbar.

1. Auflage 2024

Layout und Satz: typegerecht berlin
Druck: Gutenberg Beuys Feindruckerei GmbH, Langenhagen

ISBN 978-3-7954-3925-5

Diese Veröffentlichung bildet Band 279 in der Reihe »Große Kunstführer« unseres Verlages.
Begründet von Dr. Hugo Schnell (†) und Dr. Johannes Steiner (†).